Un

juriste

après

tout

Un / juriste / après / tout

毕竟法律人

从未名到凯旋

〔法〕陶景洲 著

北京大学出版社
PEKING UNIVERSITY PRESS

图书在版编目(CIP)数据

毕竟法律人：从未名到凯旋 /（法）陶景洲著．—北京：北京大学出版社，2022.9

ISBN 978-7-301-33205-4

Ⅰ.①毕… Ⅱ.①陶… Ⅲ.①法律—研究—中国 Ⅳ.①D920.4

中国版本图书馆 CIP 数据核字(2022)第 142389 号

书　　名	毕竟法律人：从未名到凯旋 BIJING FALÜ REN：CONG WEIMING DAO KAIXUAN
著作责任者	〔法〕陶景洲　著
责任编辑	杨玉洁
标准书号	ISBN 978-7-301-33205-4
出版发行	北京大学出版社
地　　址	北京市海淀区成府路 205 号　100871
网　　址	http://www.pup.cn　http://www.yandayuanzhao.com
电子邮箱	编辑部 yandayuanzhao@pup.cn　总编室 zpup@pup.cn
新浪微博	@北京大学出版社　@北大出版社燕大元照法律图书
电　　话	邮购部 010-62752015　发行部 010-62750672 编辑部 010-62117788
印 刷 者	北京中科印刷有限公司
经 销 者	新华书店 787 毫米×1092 毫米　32 开本　6.875 印张　159 千字 2022 年 9 月第 1 版　2023 年 11 月第 3 次印刷
定　　价	49.00 元

自　序

三十五年前第一本拙作问世,那是在巴黎用法文编纂出版的书;三十年前,我又为法国大学出版社"我知道什么?"丛书用法文写了一本《当代中国法律》的小册子。其后,一直期望能有时间用母语中文写一本随笔集,但是,由于律师职业业务的繁杂和洲际商务旅行的繁多,一直未能如愿。

近二十年来,财经媒体不少朋友时常让我就经济社会中涉及法律的问题进行评论,或者干脆为我开辟专栏。当时答应去写,一是因为盛情难却,二是希望未来能够把这些文章汇编成集,找一个出版社出版。

承蒙北京大学出版社各位的帮助,特别是蒋浩先生和杨玉洁女士的鼓励和鞭策,以及他们在编辑过程中的辛勤劳动,这个小集子得以问世。本书汇集的文章不加粉饰和修改,以保持文章问世之时的原貌。

母校出版社能在我毕业四十年的当下,出版这本小书,无疑十分完美地圆了我自己用中文出书的梦。

陶景洲

2022 年 6 月于北京香江花园

目　录

同学少年

忧国忧民

毕竟法律人

同学少年

1
乡村岁月

我的祖籍是安徽阜南，出生在安徽亳州，小学时随父母工作调动到安徽界首。在19岁之前，没有离开过皖北这个黄土地上的三角地带。现实里我所有关于家乡的童年记忆，和土地上从先秦到三国的传奇无关，契合的是时代的轨迹，无不打上了皖北那几个偏僻的小县城的烙印。在我8岁的时候，父亲被打成"走资派"，他头戴高帽的形象成为我对那个时代最深刻的印象。而我能得到的最好的学习机会，就是反反复复背诵那时候的畅销书——《毛主席语录》。我的记忆力因此得到了充分的开发和锻炼。

(1975 年在安徽界首县)

作为高中毕业生,我未来的职业选择是当兵、当工人或者下放到农村。由于当兵和当工人都是需要“开后门”才能得到的职业,1975 年,我只能成为一名下乡知青,接受贫下中农的再教育。那时的口号是“广阔天地,大有作为”,我也实实在在地学会了不少农活,一天能挣到一毛多钱的工分。我是个挺容易知足的孩子,把一毛多钱的工分换算成各种实物后,那种感觉很得意。因为爸爸以前积攒的好人缘,我插队的生产队的乡里乡亲都对我很关照,他们看我这么一副瘦弱书生的样子,干起农活也不那么利索,索性就让我在大队里记工分,然后,每餐每顿就把我“摊派”到不同的农家吃饭。

在计划经济下的农村，物质尤其贫乏，家里突然多了一双吃饭的筷子是很大的负担，而那些老乡们对我在他们各家各户里轮流搭伙所表示出来的宽容和欢迎，让我又感激又惭愧。虽然经济上困窘，但在家里的时候，爸爸妈妈姐姐妹妹都宠着我，家里有肉都会省着给我吃；后来下乡，老乡们对我的照应也多，我也没吃什么大苦头。父辈老说是我命好，总有贵人为我担待着。

记得孩提时每逢过年，为了整洁好看，家里就会用糨糊在土墙上新糊一些报纸作为装饰，有时候也会奢侈地贴几张彩色的年画和有当时时代特征的宣传画。我印象最深的是一幅水彩画，画中是一个穿着白衬衣、蓝裤子、白球鞋的少年在北京天安门前敬队礼。北京对当时的我而言太遥远了，最直观的感觉是那个少年把雪白的衬衣扎在蓝裤子里面的样子真好看。那时候我最大的理想是有一天我也能穿上这么清清爽爽的新衣裳，在蓝天之下佩戴着红领巾，脚下的白球鞋一尘不染地走在灰砖铺成的马路上。我做梦都没想到，有一天我会从这座县城走出去，去遥远的首都，漂洋过海，去周游列国。

完全是人生的各种偶然使我从皖北的一个下乡知青变成一个北大的学子。

我是 1977 年恢复高考制度后第一批被正式录取的

(1982年6月全家福)

大学生。认真说起来,我参加高考是被爸爸妈妈强迫去的。在1975年年底到1977年年底下乡的那两年时间里,我很快就随遇而安地融入了当时的生活环境,用现在的话来说,就是“小日子过得也挺滋润”。那时也有点儿小追求——我曾经满怀憧憬地去报名参军,想当一名光荣的解放军战士,这是我那时的梦想。这个梦想破灭后,我也没有特别的沮丧。身边的同学陆续返城开始准备考试了,我的父母不得不严令我这个有点小聪明、但又似乎还没完全睡醒的孩子把通过高考当作我的最高人生目标。

作为母亲膝下唯一的儿子,妈妈一方面有着望子成龙的期盼,同时又不舍得我远游。所以,在我填写高考志愿表之后,她偷偷地把我的第一志愿从“北京大学”改为安徽大学,她希望借此木已成舟,搞个既定事实。不料一个熟人一句无心的提醒戳破了母亲这层窗户纸,我获悉后赶在卷宗送到省城之前,又把它改回了北大。

所以,在父母的眼里,我既乖巧、听话,又任性、固执。和天下所有的父辈与子辈的关系一样,他们想把他们所有的人生智慧传递给我,让我少走弯路;而我又总觉得自己拥有不可替代的独立思考能力,初生牛犊不怕虎。所以,我就在父母严格而又温暖的家教下,一边冲撞着、又一边妥协着地成长起来……

“文革”之后恢复高考的历史性决定来得太突然了。记得1977年10月底《人民日报》刊登消息,宣布了恢复中断了十年的高考,而考试定在了当年的12月底。自我把考取北京大学当成我的目标开始,我就心无旁骛地披荆斩棘起来。那时候我们都有自己的座右铭,我选择了最高领袖的两句话:“自信人生二百年,会当击水三千里”,在我貌似清瘦的身躯里塞满了豪情壮志。不必说考前我那临阵磨枪的执着,也不必说考试时我那胸有成竹的自信,我做着我的“北大梦”进入了考场。

当年的高考是每个省自行出题，我们文科的作文题目之一是“从‘科学有险阻，苦战能过关’谈起”（这是叶帅的两句诗，叶帅也就是时任国家领导人的叶剑英元帅），很有当时的时代特点，也正好直抒了我的胸臆。我洋洋洒洒写了不少立志报国、奋发图强的豪言壮语，直到走出考场，都还觉得自己驾在自己的凌云壮志上。

年轻气盛也有副作用，那就是我考数学时马失前蹄。至今想来，多亏在考堂里监考老师是我们中学的教务长，他认识我。在我考试开始20分钟起身要交卷时，他说了一句“认真检查后再交卷”，我环顾四周，只有我一个人起身要交答卷，他一定是在提醒我。我压抑了自己交头卷的冲动、再次检查答案，终于纠正了一个数学答案的笔误；否则，虽然我志得意满，准备充分，但是否能上北大，就只有天知道了。

据当年我中学的班主任说，他因为对我的字体很熟悉，当年被派去阅卷判分时，他认出了我的字体。应该是为我的卷子多打了几分，否则我也可能和北大无缘了。

某个人不经意的一句话，某个人信手做的一件事，都可能改变一个人的一生。

2
燕园的苦与乐

1978 年 1 月底,我收到了北京大学法律系的录取通知单。那一年,北大法律系总共招收了 82 名新生。当时的全称是政治法律系,法律系当时是绝密专业,政审要求严格,而我在入学之前已经是中共党员了。

那一年,我带着简单的行囊,开始了远征。一个十九年来从没有离开过家乡的黄土地、从没有离开过父母姐妹大家庭的孩子,带着简陋的行李和沉甸甸的乡愁,第一次独自坐上了火车。列车下午两点多从省城合肥出发,第二天凌晨五点多钟到达北京。列车上没有任何空位,我在列车的通道上不知道站了多久,一位好心人从三个人的座位上向窗边挤了挤,让出了大概 10 厘米的地方使我可以坐下。我一口气出了界首县、出了安徽省、来到了首都北京。那些崭新的见闻,一下子把我引领到一个全新的人生圣殿。我迫不及待地参与、感受,迫不及待地渴望与之渗透、融合。是的,那种宽街大院,那种景致格局,那些华丽的殿堂,以及那些以前只在书中、只在画里见过的飞檐画壁、琉璃砖瓦、宽街大道、亭台楼阁,还有那些令人仰视的学术泰斗、那些须得穷经皓首或可阅尽的典籍,常常让我在惊讶之余感叹,如果不是赶上了改革开放的第一班列车,得此机遇,我恐怕还是那个在生产大队里给大家记工分的小知青吧?!——虽粗通文墨,也不过是在给大家写春联时派上用场;虽口齿伶俐,也不过三五个听众。那又会是怎样的一种人生际遇呢?

和所有 77 级的大学生一样,我从一只井底之蛙一下子视野开阔了起来,因此,无比珍视这来之不易的大学生活。在燕园里,我等"燕雀"都怀揣着鸿鹄之志。读书,如饥似渴地求学,不厌其烦地求教,这是我们通往梦想的唯一通道。

当时,北大名师如云,有到过延安的系主任陈守一,也有国际法教授王铁崖,还有国际经济法教授芮沐。

其中,对我们影响颇大的一位老师就是已故的宪法、行政法和政治学专家龚祥瑞教授。他早年曾赴英国深造,兼具比较宪法和西方政治学的素养。无论是在课堂上,还是在龚教授家的小庭院里,我们一帮人经常一起讨论欧美政制和宪制。龚教授使用他自编的教材,指定我们中的一个人作报告,其他人听完后作出点评。我印象最深的是龚教授对"责任"的讲解:"责任就是你必须完成交给你的事,如果无法完成,必须解释原因;一个对人民负责的政府必须完成人民交给的事,如果无法完成,必须向人民解释原因,这才是真正负责任的政府。"龚教授传授的这些宪法要义,就好像是天降甘霖,滋润了那个苦涩的年代学习时光,也为我们驱散了眼前的迷雾。我是他主讲的"比较宪法"课的课代表,所谓课代表,其实主要就是为老师写黑板、擦黑板和收作业。即便如此,我也以此为荣。在北大的时候,我把几乎全部的注意力都放在了专业知识的学习上。

现在回想当年在燕园的生活和学习,我总结起来大概有三项无奈:

一是需要学习英语的无奈,我们参加的高考,因是"文革"后的第一届,一切都还处在摸索阶段,所以高考科目里不考英语。进校时,我和不少同学一样,都是英文单词一个都不会。当年我初二从乡下转到县城中学上学时,县城里的同学们都从初一开始学英文,而我竟然不知道世界上竟然还有英语这个东西。记得第一堂英文课已经是"Peking is the beautiful capital of China", 这对我来说完全是天书,我认为学这些和汉字没有任何联系的字母没有什么用,因此就放弃了学习。上大学期间,我两次申请英语课免修,每次免修申请都被驳回,因为英语是必修课,不是选修课。我因而觉得很无奈。大学时我学英文完全是为了交差,没有任何兴趣可言。

第二个无奈是自己无法在班里的考试中取得第一名。习惯了在初中和高中考试不是第一名也是第二名的我,入学后不久就发现自己在不少的考试中都是成绩一般,这很令人沮丧。我有时会在宿舍楼的门前举目家乡的方向,黯然神伤。记得有一天晚上,同宿舍的何山同学看到我在宿舍门口仰天长叹,开导我说:"你要知道,能考上北大的都是各省的状元或者至少是中国的尖子,你现在考试成绩中等十分正常啊。"这使我对学习成绩不是特别优异有了平和的心态。大学毕业时,我们班上有七八位"全优生"。我因为"中国宪法"课的成绩是"良",因而没有取得“全优生”的证书。

第三个无奈是囊中羞涩。我和三姐同时考上大学,父母每个月给她五元钱的生活费,给我十五元生活费。这不是因为合肥和北京的物价差别特别大,而是父母重男轻女。尽管每月十五元钱,同时学校还每月发十元的助学金,但是,每每不到月底,我就有揭不开锅的感觉, 我也要从月初买一毛五分钱的菜,变成买一毛的菜或者五分的菜。

除了这些无奈,除了对专业知识和语言的学习,大学生活还有很多“诗情画意”。比如,我的收音机就是当时的休闲“神器”,宿舍里七个人常围在那个收音机旁,收听刘心武《爱情的故事》;我们也会骑着从其他同学那里借来的自行车,到未名湖开诗歌朗诵会,到大饭厅听演唱会,或者到美术馆看展览。而晚上的各种讲座,更是开阔视野的心灵调剂。我印象最深的当数地理系历史地理学家侯仁之教授的讲座。他讲解了为什么北京是世界上唯一一个没有河流流过的大都市。整个北大,到处都有我们的身影,那种奔忙和喜悦,也许可以说成是有一股“穷折腾”的劲头,却让整个北大“热气腾腾”。

四年的学生生活,在那些泛黄的老照片上显得灰白又朦胧,但是在我们心里,却永远那么斑斓而清晰。四年的大学生活是我人生的盛宴,是生命中一大幸事。那四年里的点点滴滴,如今仍然历历在目,成为我生命中最宝贵的回忆。同窗之情,师生之谊,刻骨铭心。

3

“去，是为了回来”

从县城到京城，从不见经传的中学到北京大学，无疑是人生的巨大跨越。大学毕业时，又赶上了邓小平决定选派出国预备研究生。我有机会参加并通过了各种严格的考试和审核。于是，我的人生轨迹又因作为中国恢复高考制度后第一批公派的出国预备研究生而改写。更确切地说，我是国内最早的三位公派出国研究比较法的研究生之一，被派往法国留学。在我赴法国求学过程中，貌似波澜不惊，其实，沟沟坎坎的意外也从来不少。我很感念那些在我生命中关键时刻出现的贵人，他们的一句善意提醒、或是一份善念关怀、或是一次善举安排,化解了我的很多人生变数。就拿我在临出国前的最后一次体检来说吧,当时我的血液检查的三项指标中有一项未能达标,多亏当时那位不知名的体检医生对我这个纯朴的学子格外开恩;否则,我的未来可能就会因为这个体检结果而完全改写。

我在出国前还有个小插曲。我们这三个被选中的学生虽然学习的是不同的法律体系,但都一心想被派去美国,而三个名额中有一个名额是安排到法国的。名额怎么分配呢?我们那时候所有的竞争都是公平和公开的,遇到这种不是靠实力来调配的节点,处理起来也确实让人为难。最后,一位教授说,到法国去,就要从零开始学习一门外语,还是让年纪最小的陶景洲去比较合适。就这样,1982 年的 7 月 14 日,正值法国国庆节,我只身来到了法国巴黎,并在第二天奔赴波尔多。从踏上波尔多的那一天起,我被我自己那一口完全没有任何基础的法语折腾得眼花缭乱、疲惫不堪,当时我也不会想到,26 年后,法语和英语的优势给了我职业生涯一个绝好的附加分,让我有幸成为 2008 年北京奥运会国际体育仲裁院的国际仲裁员!

走出国门,我的人生被再次改写。来到异乡,处处举步维艰。事实上,我在世界的浪漫之都巴黎的学习经历并没有人们想象中的那样浪漫:我的语言不通,上课时像个聋哑人,基本的日常交流也有许多障碍,闹出的各种笑话更是让我时常苦中作乐般地自嘲;口袋无钱,仅凭着中国政府按月颁发的1900法郎的奖学金和生活费,对于花花世界的大餐、“血拼”,也只能挂挂眼科再咬咬牙扭头别过。

(1983年摄于巴黎大学城“外省楼”宿舍)

我用了半年时间逼着自己闯过法语语言关。学语言没有机巧,单词量是基础,然后字词句篇章每一个关卡都要用真功夫来通过,口语更是要勤于练习。《圣经》说,“你唯一可以改变的,只有你自己”。我是从一位法国传教士那里得知这哲理的。当时找不到更多的口语锻炼机会,于是我就把一位热情地向我布道的传教士当成口语家教老师——当他给我讲解经文时,我强化了自己的口语和听力。那时年轻是我唯一的本钱,我也就仗着自己年轻拼命地学习。虽然没有“头悬梁、锥刺股”,但我对自己的苛求也离那种境界不远了。累了我就跟自己说,放心,你是累不死的。我坚信,只要心里有激情,我就不会垮下去。

1982 年 9 月,初过语言关的我正式到巴黎第一大学学习法律。这一年我 24 岁。

在巴黎一大,一方面,我学习着课堂上和课本里的知识;另一方面,我也渴望在“世事洞明”的学问和“人情练达”的文章中找到我未来安身立命的突破口。如何学会跟人打交道,如何了解和尽快融入这个国家的主流文化,这些都值得我去好好研习。客观地说,这些内容,巴黎一大没有教会我。所以,我要自己去体验和领悟,也需要前辈的引领和提点。正当其时,我有幸遇到了丹克(André Tunc)教授。我曾撰写《为了不能忘却的纪念》(见本书第 52 页),写了我和丹克教授伉俪的相识和他们对我的关心和照顾。

（巴黎大学城,1983 年）

我在来到法国卧薪尝胆两年后,终于获得了巴黎第一大学的学位,但是,我那微薄的每个月 1900 法郎的政府助学津贴也就此终止。如何谋生以及如何在业内立足,是我同时面临的两大人生难题。一方面要为明天的早餐而担忧,一方面更要为自己的职业前景而奔忙。我留学法国主要学习的是比较法和行政法,因为据说法国的行政法是世界上最有特色的,大家都认为我学成后就应该回到中国进入某个部委来展开仕途。此时,父母也通过遥远的家书发来请求,作为他们最心疼的小儿子,他们当然是希望我回国当官、光宗耀祖。何去何从,我拿不定主意。而对于我们这一群一同公派出国留学的年轻人来说,完全没有可以借鉴的成功经验,也没有可以参考的现身说法。我只是看到,大家拼着“年轻人犯错误、上帝都会原谅他”的这股子闯劲,开始了人各有志的摸索。无奈之下,我就给自己定了一个阶段性的目标,要找一家响当当的律师事务所实习工作6个月,等我在法国赚够了钱,我就继续研习我的行政法方向,走上仕途。那时候,有的同学开始在餐馆里勤工俭学,还有朋友看我经济拮据,就给我介绍当收银员的工作。说实话,如果当时我接下了这份工作,我的经济困境确实能够大大改善,打工挣的钱比我原先的1900法郎助学金高多了;但是,我的未来呢?我没有办法想象自己可以一边扫着商品的条码、一边又可以写好论文研读法律。所以,我很简单而又执着地认为,虽然说条条大路通罗马,但是若能选择走好一条大路直通终点,那是捷径。选择捷径必然需要代价。毋庸赘述,这种简单而执着的等待,是以节衣缩食、广泛求职、四处碰壁作为背书的。今天看来,即便是得到上帝眷顾的幸运者,他也一定在某些时刻、某些阶段,饱尝了上帝为之安排的历练与挫折。不过,隔着几十年的辛苦路回望,我始终觉得自己是一个幸运的人。在求职和谋生这两道大坎上,丹克教授再次帮了我一把,使我成为进入法国律师界的第一个中国人。

(1984年和复旦大学历史系教授金重远
及新华社记者赵坚在巴黎卢浮宫)

除了在律师事务所的工作之外,律师事务所的老板告诉我:在律师行业,要做出名气才会有人找你和信任你,你应该增加你的知名度。1986年,我登上了巴黎第二大学、第十大学的讲台,以法语来讲授中国经济法课程。1988年,我在业余时间出版了自己的第一本法文法学译作《中国涉外经济法》。丹克教授欣然为我的书作序。他不吝用最优美的语言表扬我这个从来没有上过他一堂课的学生。他这样写道:"陶景洲先生无疑要不停地使我们吃惊。五年前他还是一个普通的中国助学金的使用者,说着糟糕的法语,但现在他已修完法律的高级文凭,并在一家大型国际律师事务所积极地工作着。他能在北京和巴黎两个社会中应付自如。他才思敏捷、天性中有自然而又纯洁的善良,而且具有高雅的幽默感。无疑,他还要为我们带来更多的震惊……"律师事务所的老板(也是丹克教授的博士生)说:他从没有见过丹克教授这样盛赞一个人。

当初进入律师事务所是临时为了赚钱的权宜之计。事实上,我最初出国学习时,是专攻比较法,我的博士论文是比较研究中法的公务员制度。但是1985年的暑假,我回国帮助老师研究中国最高法院的制度、调查中国律师情况,以及之后在法国律师事务所的实习,都使我越发喜欢上了律师这个职业。公务员制度研究在我看来,没有多大的现实意义。也正是因为这个,我放弃了我的博士论文课题,也因此没有拿到博士学位。在学位和法律实务之间,我没有太多犹豫地选择了后者,因为这才是我的热情所在,才是我想要在未来的日子里用青春和汗水去耕耘的那块土壤。

当年有一句描写出国留学生的激情的一句话:

“去,是为了回来”。虽然不知道谁拥有这句话的著作权,但它却是贯穿我整个留学生涯的标语。一定要回来,但是回来之后做什么呢?记得当时父母非常希望我可以回国当官,光宗耀祖、八面威风,而我坚信律师道路是实务救国和报国的康庄大道,因而便高傲地坚持自己的梦想。在上大学、是否出国学习和就业选择这三个问题上,我都违背了父母对我的人生设计。但是,我沿着一条我们家族中从没有人选择的方向,跌跌撞撞,倒也踏出了一条属于自己的道路。进入法国律师界是在践行我的“实务救国”梦,却与当时的“父母之命”相去甚远。

从踏进法国让代律师事务所的第一天起,我的职业生涯徐徐展开。原先我给自己定的6个月的时限,也在我越干越起劲的工作中被慢慢淡忘掉。我决定在国外的律师事务所认真锻炼自己的实务经验,从写合同、写法律意见书,到参加商务谈判、处理商务纠纷,用“实务”来“救国”。随着专业经验的丰富和业务领域的不断拓展,我开始有许多机会直接接触到那些声名显赫的实业家、金融资本家,在为他们提供法律服务的同时,我也从他们那里获得不少人生的智慧。1986年起,我开始代理与中国有关的业务,频繁往返于中法两国之间,替客户谈判、签约。

我的第一个大客户是意大利服装品牌贝纳通。我在威尼斯见到贝纳通公司的老板贝纳通先生，接受了他交给我的一个重大任务：约见中国的纺织部部长，进军中国市场。以现在的视野和中国的开放程度来看，这些工作可能都无足挂齿。但在1986年的中国，贝纳通品牌进入中国，实乃外资服装产业在中国的破冰之举。贝纳通有一头标志性的长发，在一次乘坐贝纳通先生的私人飞机时，我跟他半开玩笑地说："如果你愿意把头发剪得像我一样短，我可以安排你见邓小平。"他闻言后幽我一默道："我看我还是保持现在这个样子吧。"

在我的牵头下，贝纳通如愿见到了中国纺织部部长。但是，破冰之旅，层峦叠嶂。刚一见面，贝纳通就从自己随身携带的旅行包里掏出一件丝质的T恤衫，他跟部长说他想订购100万件这样的衣服。虽然贝纳通也是意大利的国会议员，但他哪里知道和中国的部委领导的见面应该强调的是政治意义而非商业谈判？好在一旁有我。我立刻上去打圆场说，这次是正式会见，我们下次专门找时间和业务部门来谈具体的业务。很快，部长就安排我们和国内一家知名的羊绒衫生产商接洽合作意向。结果，这家还没走出过国门的企业从来没听说过贝纳通品牌,拒绝接待我们,最后是碍于纺织部领导的情面才勉强有个会面,合作之事自然无疾而终。

不过,在我们的不断尝试突围后,贝纳通还是成功地在中国开了第一家店,之后在全国遍地开花。在一段时间里,贝纳通产品那丰富而耀眼的色彩,相当有气势地装点了中国的商铺、也打扮了中国的青年。那时候,每当我抬眼看到贝纳通的 logo 时,心里总是有那么点小小的成就感的。多年后的一天,我在贝纳通先生的自传《成功的色彩》中看到有这么一段关于我的文字:

“当我站在广阔的莫斯科红场展望我的事业时,我想起了帮助我走向每一步成功的朋友,想起了那个叫陶景洲的年轻的中国律师,想起他曾启发我同东方人交往的秘诀”——这简单的文字里,蕴含了多少中西方文化的碰撞和商业故事啊!

在 20 世纪 80 年代末期,以贝纳通为代表的越来越多的外国投资者看好中国市场,但他们和贝纳通先生一样,对偌大的中国市场充满了神秘的向往和茫然的追寻,因此,有大批的外资公司在中国积极地寻找着他们能够信任的国际律师。那时候,我在很多公开场合撰文或表态说,柏林墙被推倒之后,我认为中国(而不是东欧)会成为外国投资的热土,这是一个极好的拓展中国

（1991 年 11 月宣誓成为法国巴黎上诉法院律师）

业务的机会，会有很多的外国律师事务所和外国律师在中国找到更广阔的舞台。市场的需求使我感到我回到中国施展自己的才能的时候或许已经来到了。

4

助力开放的点点滴滴

法律是一门实用科学，而国际商事法务更是以实务为基石的。国际投资的参与者们都希望在法治健全、可预期性强的国家进行投资活动。

20 世纪 80 年代中期，中国市场成为外国投资者眼中的“丰腴之地”，当时中国可以说是兼具天时、地利、人和的投资热土。大批外资公司都积极寻找律师为他们提供中国业务方面的咨询和建议。随着苏联解体和东欧剧变，更多的西方企业认为中国会成为一个重要的投资地和消费市场。正因为如此，我正式向我工作的法国律师事务所建议尽快在中国设立办事处。但他们的合伙人意见不统一,我的提议被搁置下来了。就在我一门心思地想说服法国律师事务所开设中国办事处的同时,创建于1854年、在世界24个城市拥有410名律师的美国高特兄弟律师事务所在中国有了一个小办公室。在我并不知情的前提下,我成为其董事、合伙人一致认可的开拓中国业务的良好人选。我并不清楚他们如何看上了我这个英语并不好、从未在美国学习过、也没有美国律师事务所工作经验的年轻人。一位在高特兄弟巴黎办公室的合伙人向我表示,他们一直苦于找不到既会法语同时又了解中国的律师。他注意到了我在国际律师协会期刊上发表的关于中国合作经营企业法的文章,因此认为我是合适的不二人选。也许,在这个靠业绩说话的时代,他们更关心我如何帮助他们开拓中国的市场吧。

1991年9月9日,我回到阔别九年多的故土中国,进入美国高特兄弟律师事务所北京的办公室。值得一提的是,我那时的工作头衔是美国约翰逊·希金斯保险公司驻华首席代表。按照当时中国的法律规定,国外律师事务所还不能在中国设立代表处,但是中国的司法部也不明令禁止他们事实上的存在。所以,我就只好

“挂羊头卖狗肉”了。

通过我的积极努力,特别是我在司法部工作的同学们的帮忙,1992 年,中华人民共和国司法部下发了《关于批准高特兄弟律师事务所等十二家外国(境外)律师事务所在国内设立办事处的通知》,而我们高特兄弟律师事务所的执照号是颇具历史意义的“001 号”。

(1995 年在高特兄弟律师事务所北京办公室)

加盟高特兄弟后,我服务的第一个跨国公司客户是麦当劳。多年前,位于北京王府井的第一家麦当劳店遭遇拆迁,媒体用了很大篇幅来报道。像麦当劳的莫斯科餐厅的开业和歇业标志着俄罗斯和西方的融合与分道一样,麦当劳门店是中国改革开放的标志性产物,它曾经给国人的消费习惯和消费心理带来了巨大的冲击。我为自己能切实成为中国改革开放的推手而感到骄傲。

1991年,麦当劳决意进入中国北京,根据当时中国政府的相关规定,每开一家门店就必须成立一个合资公司。因此,我的任务就是帮助麦当劳起草各项经营合同,进行法律上的分析和谈判等。我所做的工作,其实也是20世纪90年代初外资律师事务所在华的主要工作内容——帮助跨国公司在华投资,尤其是建立合资公司。麦当劳将其在北京的第一家店选址在王府井的南口,正对着北京饭店。那个地方我太熟悉了,麦当劳所在的位置原来是一个很大的公共厕所,我以前上大学的时候每回去王府井逛街,都会去那里方便一下。

作为一家境外律师事务所的中国办事处,我们的主要客户都是跨国企业。麦当劳因为属于快速消费品行业,所以为大家所熟知。在我们的客户中,同样知名的还包括可口可乐、宝洁、通用电器、通用汽车、西方石油、韩国金星(现名LG)、松下电器、东芝、日本电器、三星、家乐福、欧莱雅等公司。事实上,我们更多的服务对象是工业企业，比如美国化工企业罗门哈斯、全球最大的建筑材料公司圣戈班，以及在 20 世纪 90 年代初还不太著名的手机生产商诺基亚等。诺基亚在杭州的第一家生产基地就是在我们的协助下设立的。

在这样的大气候下，我代理了几十家世界 500 强公司在中国的投资设立，从制造业到零售、餐饮、快递、金融保险等服务行业，再到后来进入奢侈品行业。我就像一名轻车熟路的司机，坐在副驾驶的位置上，能给人指一条少走弯路的捷径。关于它们在中国投资和运营的故事太多了，这里就简单地说几个。

（1994 年在北京知识产权保护国际研讨会上）

一、家乐福

法国最大的零售业巨头家乐福在20世纪曾经在《财富》500强中排名60左右。它于1995年进入中国,作为它的法律顾问,通俗地说,我是其进入中国的引路人。从1995年他们涉足中国进行调研的第一份卷宗开始,到1997年我协助正式进入中国市场;再到家乐福在中国37家营业机构的重组,我为家乐福服务近二十年。和国内的同类企业相比,家乐福这样的外资、合资企业的技术水平完全在另外一个档次上,它们代表了全新的理念,包括对商标的认知程度、商标的含金量和重要性、对产品质量的要求等,尤其像家乐福的整个经营的物流系统、供应链系统、储存系统、售后服务系统等,完全是一种能给中国带来震撼的商业模式。中国企业不能满足于产品几十年一贯制,它们的推陈出新需要这些外资企业的引领。但是,外资企业在中国水土不服,也更强调"适者生存"的自然法则。因此,家乐福在中国快速形成的规模效应,和它在法国的运营模式并不完全一样——其受制于中国在不同时期对于外资的进入所颁布的各种限制性的法规。此时,熟悉和了解中国政策、法规以及文化的我，就派上了大用场。我为它们提出了不少“具有中国特色的”发展建议。

比如，家乐福在中国遇到的第一个瓶颈就是1999年国内出台的《外商投资商业企业试点办法》。该办法规定：所有的外资商业企业项目都必须经过国务院批准，只能在十几个试点城市设立，而一座城市最多只能有两个试点企业。也就是说，把在中国境内所有的外国商业投资者都加在一块，总共也只能在中国开20多家店。这样一来，对家乐福这家品牌企业来说，根本形成不了规模经济。

家乐福因此一筹莫展。我为其出谋划策，告诉它面前有两条路：一个是按照国务院的规定走，大概五年时间能开1家店；还有一个就是不按规定走，那么一年能开5家店。

这两条路差别太大了。当然是后面一条路更吸引它。它于是又问，风险有多大？

我告诉它，如果只是开5家店，风险是80%；开10家店风险是40%，而开到20家店的时候，风险就降低到只有20%了，如果开到40家店，风险可能只有10%。家乐福方面觉得很奇怪，听起来这是一个不合逻辑的格局。我解释给他们听，这就是在社会主义初级阶段的中国的国情。为什么呢?因为家乐福的门店和它所在的各个城市的地方经济、就业指标都紧密地联系在了一起。门店开得越多,它和地方经济的紧密度就越高,风险自然就越来越小了。

家乐福听取了我的建议,在中国迅速开了许多超市。

但是,很快家乐福方面又焦虑起来。2001 年,国务院出台一个通知,要清理整顿外资在中国未经中央政府批准开的门店。一时间,关于家乐福的传闻风生水起:有的说家乐福要面临 10 亿元的罚款:还有的说,家乐福会被强制性地关掉至少一半的门店。家乐福自己也非常紧张。我的判断是,家乐福一家店也不会关,也不会有任何实质性的惩罚。

事态后续的发展和我的判断完全吻合。中国采取的办法就是打“死老虎”,那些开不起来的门店都被依法依规整顿掉了。而家乐福的其他门店却因为有很多个地方政府主动出面游说,不仅没有被关闭或处罚,而且后来有一家门店因亏损,家乐福自己想关掉,政府都干预阻止。

总的来说,20 世纪 90 年代的中国对外资处于一种饥渴的状态,一切都是“摸着石头过河”。所以,对于真正有实力、有商业战略部署的外资企业来说，其在中国的发展实情是，它们提的很多条件都可以满足，它们遇到的很多问题也都可以想办法协调解决，而在它们投资力度的不断增强以及给地方政府带来的高额利税的影响与推动下，很多更适于外资在中国发展的政策法规陆续出台。

二、“金星”不再闪烁

韩国有一家公司叫 Lucky Goldstar，中文名为乐喜金星。在进入中国市场初期的 1992 年，其聘请我们律师事务所。其最头痛的事情是知识产权保护。“金星”这个词在中国运用广泛，其调查发现，当时在国家商标局注册的“金星”商标大约有两百多个。

最初，乐喜金星方面和我商讨是否可以通过购买的方式，由我们私下和商标的所有人谈判购买。因为，如果其直接出面购买，中国的商标所有人会漫天要价。

不过，和两百多家企业去谈商标权的转让，不仅会旷日持久，而且不确定性极大。

经过其对市场、法律风险等各种因素的分析，1995 年，乐喜金星把名称更名为 LG，把 Lucky Goldstar 的首字母变成商标和集团名称,实在是有创意的神来之举。商标图案整体设计包含地球、未来、青春、技术等各种元素。对于年轻的一代来说,看到 LG 这两个英文字母,很难联想到它的名称和中国市场有很大的关系。

三、松下

很多情况下,和客户的关系是一个互动的过程。对于年轻律师来说,也是一个向客户学习的过程。

客户寻找外部律师,主要是看重律师们的经验。这样,他们可以站在巨人的肩膀上,不需要再就同样的问题重新从零开始学习并支付不必要的学费。这也是为什么我们说律师和医生是越老越值钱。

同时,客户的工作风格和对律师的要求,在无形中鞭策着律师。我在帮助松下电器处理对华法律事务的过程中,学到了他们严密的法律思维和几乎是鸡蛋里挑骨头的工作精神。

1993 年年初,中国的国家产品质量监督局起草了《中华人民共和国产品质量法(草案)》,这个法律草案一经问世,就受到众多国内外工业企业的重视。记得是 1993 年春节前后,松下电器法律部经我们巴黎办公室同事的介绍,通过传真联系我,咨询该法律草案中的有关法律问题。

在很长一段时间,松下法律部每天下午两三点钟时发来传真,就法律草案中的某一个条款要求我们作出分析和研究。比如法律草案的第十四条对生产者的产品质量和义务的要求中,要求产品“不存在危及人身、财产安全的不合理的危险”。那么,哪些危险可以被认为是合理的风险,哪些又可能被视为不合理的风险呢?

每天下午的传真也都会很客气地写道:由于我们公司内部需要研究,麻烦您第二天上午给我们发来您的回复。这也就是很客气地告诉我:你需要加班加点完成我们交给你的任务。

又比如,法律草案中规定的“产品或者其包装上的标识”应当符合的要求中,有一项规定“使用不当、容易造成产品本身损坏或者可能危及人身、财产安全的产品,有警示标志或者中文警示说明”。松下法律部在对此条款的理解上,把问题问到了极致。警示标志有中国通用的吗?中国没有的可以使用国际通行的吗?这种警示标志是标在包装上还是商品上?警示说明的字应该与正常使用说明书的字体一样?颜色一样?如果要比较大的字体,大几号可以被视为有警示效果?

对我来说,和松下法律部数月的传真往来,练就了我凡事去仔细琢磨的习惯,以及发现法律规定中的问题和解决问题的方法,不放过任何一个哪怕是微不足道的错误信息和不准确的陈述。

四、欧莱雅

欧莱雅是高档生活方式的一个方面,许多人不知道这个集团旗下商标众多。包括兰蔻(Lancome)、赫莲娜(Helena Rubinstein)、羽西(Yue-sai),以及它通过商标许可取得在化妆品领域的使用权的,比如圣罗兰(YSL),其商标为法国开云集团所有。

在2002年,我和我的团队代表欧莱雅开始进行收购中国品牌“小护士”的尽职调查。“小护士”原为国内著名化妆品牌(深圳丽斯达日化公司的品牌产品),它是欧莱雅在中国收购的第一个本土品牌。中国不少的私营企业在公司会计账簿、商标注册、卷宗管理、雇员薪金和社保安排等方面都存在这样或那样的问题。我们对“小护士”的尽职调查和交易安排都花费了不少人力。第二轮尽职调查开始后不久,萨斯(SARS)病毒从广东开始蔓延。我派出的团队日夜奋战在深圳、蛇口的假日酒店,不敢外出,吃饭基本上就在酒店的日本餐厅。

《股权收购协议》的谈判旷日持久,双方对转让方的担保和保证,过渡期的安排和双方在此期间的权利和义务界定,对股权交割之后的价格调整等存在重大分歧,谈判一度陷于僵局。我们筋疲力尽的团队多次与我联系,希望能够避开疫情严重的广东,早日回到北京。

在最后一轮谈判的时候,我正在广州参加一个研讨会,我答应了团队可以回北京,他们立即打包去机场了。当日下午四点左右,欧莱雅中国区财务总监给我打电话,希望谈判能够继续,并争取在一周之内达成协议。

我立即给已经到达深圳宝安机场的团队负责人汤捷律师(也是北大校友)打电话,要求团队留下。她十分沮丧地说:"陶律师,我宁愿辞职(I would rather quit),也不回去继续谈判了。"其他的律师和助理也婉转地表达了几乎同样的想法。我理解他们一个多月没日没夜工作的艰辛,要求他们仅留下一个秘书。傍晚,我自己租了一辆出租车从广州直奔深圳,晚上九点左右,我坐下来面对"小护士"谈判小组开始谈若干僵持不下的棘手的合同条款。由于对方谈判人员也很疲劳,他们的团队不时有人出去抽烟或闭目养神。大概早上八点多钟,我们终于就合同的所有条款达成了一致并草签。事后秘书告诉我团队的成员,说我把对方谈服了。而且,我从晚上九点到第二天早上八点,既没有喝口水,也没有上厕所。还有一个插曲是:“小护士”的卖家在协议签署一年之后,来电话希望我代表他们收购“健力宝”。由于和欧莱雅的交易还没有完成最后交割和价格调整,卖家可能会与欧莱雅有纠纷和仲裁,因此我婉拒了他们的聘任请求。据了解,他们之后对“健力宝”的收购栽了大跟头。

我常对法学院的学生们说,将来选择当律师,第一个条件是要有好的身体。

收购“小护士”一年多之后的 2004 年,我又代表欧莱雅收购了靳羽西女士创造的化妆品品牌“羽西”。其中的故事也很多。若干年之后,有朋友带我去靳女士在上海的家中做客,当我自我介绍说:“我是几年前代表欧莱雅收购‘羽西’的律师。”靳女士风趣地说:“那你应该比我自己还了解我吧?”

（2015 年 8 月在靳羽西女士上海家中的家宴上）

5

北京“双奥”之旅

2008 年 5 月 13 日，当熊熊燃烧的奥运火炬到达中国时，国际体育仲裁院宣布了北京奥运会临时仲裁院的仲裁员名单，在国际体育仲裁院 270 位常任仲裁员中，有 12 位脱颖而出，我有幸名列其中。国际体育仲裁院于 1983 年由国际奥委会组建，负责处理运动单项协会、国家委员会、国际奥委会和运动员之间与体育赛事有关的冲突，具体包括反兴奋剂、参赛资格、裁判结果，以及某一代表队放弃比赛剩下的参赛资格如何分配等问题。当选奥运仲裁员，除了要满足独立、公正的要求外，还需要具备良好的语言能力，并在仲裁行业或体育赛事方面享有较高声望。我做的国际仲裁比较多,尤其是国际商事仲裁,经过国际商会仲裁院主席 Pierre Tercier 教授以及前国际商会仲裁院主席和北京奥运会临时仲裁院主席 Robert Briner 博士的推荐,我得天时、地利、人和,进入体育仲裁领域,开始了一次全新的尝试。

没有人是生而知之的全才。所以,我在接到授命后,马上抓紧时间补课,开始研习包括《奥林匹克宪章》在内的各种体育法规和规则。在北京奥运会开幕前十多天,我们临时仲裁庭的组成人员就正式集合备战。在 2008 年 7 月 23 日到 8 月 24 日这整整一个月时间里,我们 24 小时待命,每人都配有专用手机。只要电话一响就说明有案子来了,一般两三个小时之内就要组庭,仲裁的结果在立案之后的 24 小时内作出并立即生效。

2008 年 7 月 31 日晚 7 点,北京奥运会第一仲裁案来了:申请方为阿塞拜疆奥委会、阿塞拜疆曲棍球联合会以及女子曲棍球队的 13 名队员,被告方是国际曲棍球联合会;争议目标是北京奥运会曲棍球赛的参赛资格。和我一起参与审理此案的是来自加拿大和南非的仲裁员。加拿大的仲裁员是位参与过悉尼、雅典、都灵奥运会的资深体育仲裁员,而南非的仲裁员是南非高等

(2008年7月于上海浦东香格里拉酒店)

法院的法官,曾经担任南非田径协会主席,并参加过雅典奥运会。我们这个3人小组在8月1日早上接到申诉书,全英文的案卷少说也有3厘米厚。中午,我们仲裁小组开始讨论,到了下午便作出让国际曲联提供专家委员会报告的临时决定。由于存在时差,国际曲联在晚上提交了专家委员会的报告,第二天我们据此作出了初步裁决,并在午饭后公布了最后仲裁结果。

很快,我又接到了第二起案件。摩尔多瓦奥委会向国际奥委会申诉,请求让一个具有罗马尼亚和摩尔多瓦双重国籍的男子游泳运动员能代表摩尔多瓦参赛，结果当天即被国际奥委会驳回。2008 年 8 月 8 日，摩尔多瓦奥委会即把国际奥委会告上了临时仲裁庭，要求得到仲裁庭的支持。我是在 8 月 9 日早上 9 点多接到通知的，当时我在北京的家里。为了不浪费时间，我没有等仲裁办公地点所在的酒店派车来接，而是自己开车从家里去了办公地点。我们仲裁小组的成员个个都争分夺秒地迅速到位，抢在 10 点钟时就开始讨论案情，11 点半开庭，下午 1 点多钟就已经作出了裁决，驳回其申请。理由是，根据奥运会宪章，一名运动员的体育国籍应该满三年，而该运动员去年还曾代表罗马尼亚参加了国际游泳锦标赛，因此不能代表摩尔多瓦参加北京奥运会。这个案件从接受到正式裁决，前后不过 5 个小时的时间。

作为奥运会的国际体育仲裁员，我们有幸在现场观看了气势恢宏的奥运会开幕式；在赛事期间，也获得了观看所有比赛的“特权”。这些都是我人生不可多得的体验。而让我更加受益的是，和这些资深的体育仲裁员共事，我的事业触角拓展到了体育仲裁领域，因此也意识到中国在这方面有很多空白。所以我向有关方面建议并呼吁，作为一个真正意义上的体育大国，中国应以奥运为契机,建立符合中国国情的体育仲裁制度。

本以为2008年北京奥运会的完成会是我的体育仲裁的比赛终点。因为我此前二十多年最钟爱的事业是商事仲裁,处理跨国的各种商事纠纷。未来十年二十年,我的工作重心仍会是商事仲裁。而体育仲裁毕竟是一个很小的业务领域,中国申办冬奥成功的时候,我也没有去申请担任冬奥仲裁员的想法。

北京冬奥会开始前几个月,国际体育仲裁院的秘书长发邮件联系我,说是希望我能接受邀请,担任北京冬奥会特别仲裁庭的仲裁员。我在接受邀请之前比较犹豫,因为当时他告诉我:仲裁员应当全部打完两针新冠病毒疫苗,需要在冬奥会封闭区集中办公。我婉言拒绝了他的要求,因为这样的闭环管理会影响到我的日常的其他仲裁工作。又过了几天,他告诉我,我可以不进入冬奥闭环管理区。他希望在此情况下我能接受邀请,因为以我对中国的了解,对仲裁的丰富经验和我的法语水平,在全球几乎具有唯一性。

通晓法语是我的加分项。法语是奥运第一官方语言。“现代奥林匹克运动是在法国人顾拜旦的推动下诞生的。”历史原因形成了法语在奥林匹克运动中的重要地位。《奥林匹克宪章》中明确规定:“国际奥林匹克委员会的两种官方语言是法语和英语”,并补充规定:“如出现歧义,以法语为准”。后来又增加西班牙语为官方语言,但仍以法语为准。

顺便说一下,奥运仲裁与商事仲裁存在诸多不同之处。第一,与商事仲裁强调保密性不同的是,奥运仲裁裁决是公开的;第二,与商事仲裁要向当事人收费不同的是,奥运仲裁是免费的,甚至举办城市的律师通常还会为当事人提供免费法律服务;第三,与商事仲裁中的仲裁庭组成人员可由当事人选定不同的是,奥运仲裁中的仲裁庭组成不存在选择问题,均由奥运临时仲裁院主席指定;第四,与商事仲裁动辄几个月乃至几年的审理时间不同的是,奥运仲裁强调紧急性,通常是 24 小时内就必须作出裁决;第五,与商事仲裁中双方可以选择仲裁地不同的是,奥运仲裁一律假定仲裁地为瑞士洛桑,这也意味着如果要撤销仲裁裁决,必须向瑞士当地的法院即瑞士联邦法院起诉,而举办地法院对此争议并无管辖权。

我的冬奥会的仲裁经验也很独特,2008 年北京奥运会期间,仲裁案件的审理方式均为线下审理,仲裁庭成员和各方当事人都要赶到我们工作和居住的在王府井金宝街的一家五星级酒店开庭。而如今互联网技术突飞猛进,加之控制疫情的原因,冬奥会采取了线上线下相结合的方式进行。透露一下:我是一边喝着红酒,一边参加线上开庭。

唯一遗憾的是,由于我选择不进入冬奥会闭环管理区域,我无幸观看冬奥会壮观的开幕式,也无缘观看各项比赛。

6
《未名的七柒》画册序

有一首歌叫作《再过二十年,我们来相会》。最初唱它的时候,我们一边唱,一边畅想着自己未来二十年后的样子。那时候,我们都还年轻,做着很多很年轻的梦。我们知道,人生中的二十年,很漫长,很遥远。

再平淡的生活,隔着二十多年的辛苦路回头来望,也都可圈可点、可歌可泣。我清晰地记得二十多年前的那些故事和故人,记得其中的很多细节,记得里面点缀的尽是我们生命中最宝贵的东西。

尽管"逝者如斯",但我们会永远记得,那些闪亮的日子。

一九七七年的冬季,适逢中国结束十年浩劫之后的第一次高考,一个不知天高地厚的小年轻,心里装满了非北大清华不读之傲气。父母偷偷地给他改了志愿,阻止他进京,但在关键的最后时刻,他又把报考志愿改回了北大。

这个年轻人,就是二十多年前的我。

或许是由于“父母在,不远游”的古训,或者是害怕我这个小县城的孩子在偌大的京城举目无亲、举步维艰……父母的担忧很多。但是,四年的大学生活证明了他们的顾虑是多余的。同窗之情、师生之谊,让我刻骨铭心。

二十多年过去了,我总不能忘记上铺老何那均匀的鼾声(我年轻时睡得很沉亦经常被吵醒);老武每晚对中国古文的推敲,并不时激动地诵出声来;小何那腰间裹着的保暖护胃的宽带和几乎每天必燃的小灶;徐杰和凤鸣双双醉卧的独特神情。忘不了雪挺为克服近视而双目圆睁,久久注视远方的执着;忘不了我几次申请也未能被允许免修英语的无奈;忘不了绍光为我传递情书的策划(但终归败北)以及他一夜间黑发落尽给大家带来的惊讶。当然,也忘不了王志勇每次从福建带来的荔枝的香味,以及由此引发的我们对杨贵妃吃荔枝的情景的种种揣测。

记得毕业分离时不少同学醉得不成样子，好像凤鸣还去校医院打了一针，而且大家约好十年后相聚在天安门前的五星红旗下。在此期间，同学们之间的大小聚会从未间断过，本纪念册中有不少是聚会时的留影，而且大多是聚餐活动，给人的印象是似乎许多人成了吃客，这显然很有误导性。

在海内外奔波的二十年，也结交了许多各界的朋友，但同学之间的那种默契、宽容，似乎是什么朋友都难以取代和比拟的。

二十年，每个人都有各自生活的酸甜苦辣；

二十年，许多同学的儿女都已走进了大学校园；

二十年，多少次谈起我们的洪海和苏岩；

二十年，是啊，我们还有几个这样的二十年呢？

所以，有众多同学提议庆祝一番，以慰相思之意，不忘此生之缘。

作为毕业二十年的纪念，出此小书，凤鸣、培国和杜春令我写出序来。受命之后，记忆的闸门每夜大开，从那奔腾的浪花中信手抓来点滴，以为序。

景洲

2002 年 4 月

7

为了不能忘却的纪念

偷得浮生一月闲,我得以在我曾经生活过将近十年的法国度过近一个月的假期。这也使我有时间整理许久以来的有关在那里生活和学习的点点滴滴,或许有一天会写出我的“西行漫记”来。

在我众多的法国友人中,我的恩师丹克先生是我最敬重和最难以忘怀的人。

严格说来,他甚至不能算是我的导师。因我出国之前对外部世界浑然不知。中法教育部的官员们为我选了丹克教授作为我的导师。事后知道,中国和法国的相关官员都是名副其实的官僚。

（1986 年在导师丹克教授家为教授及教授夫人拍照留念）

第一次见到丹克教授是他请我到他家中吃饭，约好下午 7 点钟到，我 6 点半就已经到他家的楼下查探清楚。7 点钟准时敲门，丹克夫妇很热情地接待我，但我的只有几个月功底的法语太差，以至于他们只好和我用英语交谈。交谈中知道，丹克教授已满 65 岁退休，不再带任何研究生，而且我在国内师从龚祥瑞教授学习的是比较宪法和比较行政法，而丹克教授的研究方向是英美公司法和法国民商法。尽管他是“法国比较法学会”副会长，但当时的比较法限于私法范围。

我十分茫然。他安慰我说，他会为我联系并安排比较公法方面最好的教授;同时，我将来有任何问题都可以再找他。

这两点不是承诺,但他实实在在地办好了这两件事。除为我联系好了巴黎第一大学副校长作为我的导师之外,我每每有事找他,他都会热心帮助。其中两件事最使我难以忘记:

其一,作为中国政府奖学金的享受者,每月的奖学金需我精打细算,决计没有钱买书。丹克教授让我开出我需要的书籍名录,由他负责的研究中心购买,我使用完毕之后再交还给研究中心。

其二,政府奖学金最多发放两年,但我两年后深感所学到的东西实在微乎其微,不得不打算找可以赚钱的工作。写了几封求职信都石沉大海,无奈又求助于丹克教授。他问我都给哪些公司发了信,我提到两家律师事务所，他说和其中一家的主要合伙人很熟。两天之后,该所就给我发了回信,接收我到他们的事务所实习。

丹克夫妇还时常请我到家中吃晚饭,询问我的学习和工作情况。

滴水之恩尚须涌泉相报,而丹克夫妇给予我的关怀和帮助,一如那清澈的泉水,甘甜而又无声无息。记得当我提出由北京大学法律系请他到国内讲学一个月时,他告诉我他有一位年过 94 岁的母亲,他每周必须去看她,因而不再远足。他多年来只有无私的关怀,而从不要求有任何的回报, 使我常有"施恩图报非君子"的感悟。

工作之后的岁月里,我走遍天下,穿梭中西,渐渐地很少有时间给丹克夫妇打电话联系,而 1991 年正式回北京工作之后,更很少和他联系了。

(1998 年摄于巴黎卢森堡公园)

或许是心灵的感应,1999 年 9 月下旬,我到法国出差时,给丹克教授家打电话,师母告诉我丹克教授已于 9

月 10 日与世长辞,我听到消息泪流满面,取消了当天的各项安排,专程到拉雪兹公墓去拜祭丹克恩师。由于丹克教授去世不久,墓地里还没有他的名字。我从墓地殡仪馆查到他的安葬位置,献上一小束花,以寄托我无限的哀思。

今年(2010 年)是恩师去世 11 周年,9 月 6 日,我又去了拉雪兹公墓,从查询到的墓地的位置上,看到他家的祖坟,坟是小屋型的,透过铁门看到了刻着他名字的墓碑,也算是又一次见到了他。从墓地出来,天空开始下起小雨来。

昨天,我约好去看望了 95 岁的丹克师母。她现在一个人住,每周只有一个负责打扫卫生的女士帮她整理一到两次。师母耳聪目明,每天忙于写作有关神学以及妇女在教会中地位的文章和书稿。师母还请我坐在我不知坐过多少次的单人沙发上,沙发的位置没有丝毫地改变,只是沙发面已经塌陷很多。临行时,师母把我送到电梯门口,说希望我下次到她家做客,她还会为我做饭,“只是会比较简单,和你经常吃的大餐没办法比”。送我到电梯门口时她眼角噙着眼泪,而我的眼睛早已湿润。

9 月 10 日恩师忌日完稿于伦敦郊外

(载于财新网博客 2010 年 9 月 13 日)

忧国忧民

1

你的钱呢？

当你的钱太多时，政府怕你乱花，打乱了宏观调控的整体布局。因此，买房受限制，契税提高，交易税提高，贷款门槛提高。

美国的金融海啸，已转变为全球性的经济海啸，不仅使美国这一以消费为动力的经济大国出现危机，而且也冲击着全球主要工业国家的实体经济，并且对中国这一以出口为主导的经济体产生巨大的冲击。全球股市的跌幅可以和股市最黑暗的时代相比譬。这次冲击把世界的中产阶级（以及那些自认为应当属于这一阶层的人们）消灭掉了千千万万。人们经历惊愕、困惑之后，慢慢感到自己口袋中的可供支配现金正在减少。他们开始捂紧口袋,消费的信心受到打击。

中国政府也和世界主要工业国家的政府一样,突然发现,让人们去消费变得困难了。有些商店的商品折扣已超过50%,但购买的人远没有经济火热时多;房屋销售情况可以用门可罗雀来形容;汽车等耐用消费品销售额直线下降(今年一月,通用汽车销售量下降了49%,日产下降了32%,克莱斯勒则下降了55%)。连我现在都在想,是不是应当退掉去年八月份预定的一台宝马敞篷汽车,以保存现金。记不清谁说过:Cash is the king(应当译成“现金就是上帝”更好),这个时候深感他说得真是很对。

人们对这次金融危机(应该说是经济危机)的持久性、广泛性、深厚性缺乏认识,他们的双手不自觉地捂紧了自己的口袋。2008年世界各主要工业国家每周数以万计的人加入失业大军,他们中有世界各大银行的职员已不足为奇,但是连微软等从来没有听说过裁员的公司都开始了动作,着实使人们不禁要问:下一个被裁的会是我吗?加之政府说还有约2000万农民工可能找不到工作,今年毕业的大学生就业更是前所未有的困难,国有企业要发挥作用、不要裁员成为政治任务等,可见前景不容乐观。

人们将手中的钱不自觉地用来为可能会有的失业提供担保,拉动内需的最大障碍看来是自身保障所需的现金流。消费的不断萎缩,自然带来储蓄率的增高。这从银行储蓄存款的大幅度增加可以看出:上个月央行公布的2008年金融运行数据显示,2008年全年居民储蓄同比较2007年翻了四倍,人民币各项存款增加了7.69万亿元。人们的钱不是没有了,除在股市蒸发掉的现金之外,全部沉淀在银行的金库中。

一个可喜的现象是,政府已把拉动内需的视野放宽。北京市政府的九个机构本周联合发文,贯彻国务院办公厅2008年12月20日《关于促进房地产市场健康发展的若干意见》(国办发〔2008〕131号),决定在本年度取消2007年房地产热浪滔天时对境外机构和境外个人购买商品房的各项限制。让外国公司和个人参加到拉动内需的大军之中,希望那些还没有失业也不怕失业并且希望在中国房地产领域赌一把的人们亮出钱袋。

(载于财新网博客2009年3月3日)

2

老师,您在哪?

改革开放的三十年,说是中国向世界学习的三十年,更是中国向美国学习的三十年。

三十年来,英语作为商业语言在中国商界逐步普及,而直接使用英文,如LBO、ABS、MBS、CPI、PPI等,更是屡见不鲜。

三十年来,中国法律体系的建立,无处不留下英美法系影响的烙印。

三十年来,中国的市场经济发展,金融市场发展更是受到以美国为代表的"主流"新自由主义和金融创新的深刻影响。

“和国际接轨”的口号与“向美国看齐”没什么本质的不同。实际上在过去三十年美国是中国市场经济发展的老师。

我还记得20世纪90年代,美国批评中国未能开启资产证券化,且中国的法律没有为资产证券化提供可操作的法律架构。

我们更没有忘记美国众多官员每次到中国都要求中国减少国民储蓄,宣传超前消费的理念。

几个月之前爆发的、大有吞噬全球经济增长势头的金融危机,极大地破坏了美国这位老师的形象。啊,老师啊, 您怎么能这样啊?

当我们也动手做网络时,互联网泡沫在美国的破裂使我们知道原来美国的虚拟经济是如此的虚浮。

我们正在大谈美国会计制度的优越性时,“安然”问题使我们知道了原来美国公司也做假账,误导投资人。

而正当我们在为几家中国银行设计衍生金融产品时,雷曼兄弟,这个在我心中仅有的几个以“兄弟”命名的国际化先驱[我原来工作的一百五十年之前成立的高特兄弟律师事务所(Coudert Brothers)已破产,所罗门(Salomon Brothers)已经被收购]的破产,似乎把中国对投行的恭敬变成愕然,使我们真正理解了“一切皆有可能”。

去年年底我们也感受到金融海啸的冲击,四大投行的全军覆灭,更使我们对美国感到失望和沮丧。老师啊,在我们正需要金融改革的榜样之时,您怎么表现得如此不尽如人意呢?

这似乎还不够,不久又出了麦道夫骗局。

我们该如何建设中国的投资银行,该如何做中国的衍生金融产品?诚信制度到底该如何建立?监管机制该如何运行?市场经济真能有效运转吗?

没有了山姆大叔老师,我们能请欧洲老牌资本主义国家(英国、法国、德国)作为老师吗?举目西望,它们已经自身难保,少了许多好为人师的兴致。

不知为什么,这使我想要改写几行贺敬之先生的《西去列车的窗口》这首诗:

在九曲黄河的上游,

在西学渐进的关口……

我们该怎样进行金融改革呢?

怎么把中国的概念书就?

我们该怎样进行下个十年的战斗?

未来的世界什么会是主流?

(载于财新网博客 2009 年 3 月 16 日)

3

看淡 G20

G20 成员领导人大多已启程飞往伦敦。伦敦作为以金融为支撑的城市,失业飙升,地产日下,现在已是惨不忍睹。迎接 G20 成员领导人的还有来自众多国家的示威者们,G20 峰会会给伦敦带来一些活力。

明天将在伦敦召开第二次金融峰会,会前的种种迹象表明,这次会议很难达成任何实质性的共识。英美以主张经济刺激方案作为基调,法德则主要强调国际金融监管(默克尔总理声称要为金融市场制定一部“宪法”),中俄等国则希望通过此次峰会增加在国际金融和经济活动中的话语权。

在峰会之前许多国家似乎忘却了外交场合的含蓄，显得有些锋芒毕露。一贯表现出人意料的法国总统萨科齐甚至扬言如果在全球金融监管、取消避税天堂、限制高管报酬、设立对冲基金的注册制度等方面 G20 不能取得实质性的共识，他将退出，使国际媒体为之一震。这话与其说是讲给与会国家听的，不如说是讲给他的选民听的，多少带有作秀的味道。连中国这个一贯韬光养晦的国家，也通过央行行长表达了要建立超主权货币的急迫心情。

各国在国际金融和贸易中的保护主义倾向越来越明显，购买本国货也成为各国的通行做法。各国都在喊反对贸易保护主义，但好像没有几个国家不在公开或隐秘地干着贸易保护的事。各国领导人都在为本国的失业率上升、经济衰退或放缓以及国民对金融机构的信心锐减而伤脑筋。它们更多关注的是本国的经济增长和民众的态度，担心这场经济危机最终会引发局部或地区性的社会危机，而对其他国家似乎没有多余的精力和兴趣去注意（除非是为了批评其他国家的做法）。在这种心态的驱使下，想达成一个切实有效的峰会共识，将有巨大的困难。

现在许多国家的领导人所关注的已不是本次会议

所要达成的共识的内容(也许是因为这些共识的草案已经被媒体曝光,公众看到之后感到有些失望),而是下一次金融峰会将在何处召开的问题,可见他们已经不对本次峰会抱有太多的信心。

上述预测若有任何谬误,权当是愚人节的一则笑话吧。

(载于财新网博客 2009 年 4 月 1 日)

4

铁矿砂迷住了我的眼睛

本月17日中国钢铁工业协会高调宣布与FMG(Fortescue Metals Group Ltd,澳大利亚第三大铁矿石出口商)达成铁矿石价格协议,比力拓等三巨头与日本和韩国钢铁企业达成的粉矿和块矿价格分别低了3%和5.96%,旷日持久的铁矿石价格谈判总算有了初步的了结。但与三大铁矿石生产巨头的谈判还在进行。然而因为中钢协不是一家上市公司,对外信息披露不是很充分,所以,还需要收集其他方面的消息。

从澳洲传来的消息,似乎FMG也宣称其在中国有了重大的突破。因为这3%的价格之差,是以中方必须

（2000 年参加中国贸促会举办的
“如何解决在华商事纠纷”研讨会）

依照 FMG 所能接受的条件（on terms acceptable to Fortescue）并且要在 9 月 30 日之前向 FMG 提供 55 亿～60 亿美元的融资便利。如果 9 月 30 日之前达不成协议呢？FMG 和中钢协都没说。

我总感觉中钢协的这一胜利，现在看来有点惨淡，问题多多。

FMG 的铁矿石年产量也就 3500 万吨（但有些分析家认为其实际产量只有 2000 万吨），即使全部供应中国钢铁企业,也只能解决中国需求的5%左右,很难解决中国的实际问题。

同时,中方还要为其提供巨额融资(大约每吨供货中方要提供1.5美元的融资)。

说惨淡,还因为中钢协一直要求降价40%至45%,这个目标看来没有达到。另外专业人士称,尽管FMG的粉矿价格低了3%,但其粉矿干基等级比力拓低8%。这3%和8%是什么关系呢?希望钢铁厂家不会感到FMG的产品事实上更贵。

三大矿石巨头并不把FMG作为真正的玩家,似乎没有迹象表明它们会把FMG的供货价作为它们对中国供货的长期协议的基准价格。

我感觉FMG在本次交易中是最大的赢家,FMG总裁安德鲁·弗瑞斯特(Andrew Forrest)最多是一个“中国概念”的冒险家。有些专业人士分析,FMG存在即将资不抵债的破产危机,也面临着资金链断裂的风险。这也是它为何猛炒“中国概念”以便尽快拿到中方的55亿~60亿美元融资的原因。

中方在与FMG签署的最后协议中,相信已经对这些风险有足够的准备并有足够的预防措施。

当然FMG也可能会在中国的全力支持下脱颖而

出,在未来成为世界第四大铁矿石生产商。我们当然希望这不仅仅是FMG和中方的良好愿望。中钢协称FMG明年的铁矿石产量可达9500万吨,但高盛的研究报告则称其2010年年产量不会超过5500万吨。它的产量越高,世界铁矿石供应量越大,其价格下行的压力也就越大。

FMG作为初生牛犊,2009年只是它们开始生产的第一年,就能有中国这一强有力的后盾,真是生逢其时,说不定真能成为一匹千里马。不过作为新手,它们在安排海运合同等方面是否会产生相应的法律纠纷,现在预测还为时过早。

据说中钢协还在与三巨头进行谈判,足见其锲而不舍的精神。但是,2010年合同谈判的启动时间已经逼近,不知2009年的谈判还要持续多久,更看不出谈判最终会鹿死谁手。希望有一天一方会出来说“好,今年的谈判我输了”,何时得到这一消息,我并不乐观。也许永远都不会有这一天。

顾城有句“黑夜给了我黑色的眼睛,我却用它寻找光明”的著名诗句,我这黑色的眼睛已经被媒体上纷纷扰扰的铁矿石谈判信息迷住了。

(载于财新网博客2009年8月19日)

5

买酒记

国庆节和圣诞节期间,我曾和朋友去法国的波尔多地区和勃艮第(Bourgogne)地区买酒。

波尔多应该算是世界葡萄酒的圣地。我们下榻在一个 Relais & Châteaux 在波尔多 Pauillac 地区的酒店。从波尔多机场出发,经过著名的城堡之路(Route des Châteaux),一个个熟悉的波尔多酒庄的名字映入眼帘:Margaux, Beychevelle, Latour, Lynch Bages。

在第二天经朋友安排去参观了 Châteaux Latour,它是 1855 年评选的波尔多梅铎区(Medoc)五大庄园之一,是世界红葡萄酒中的极品。

让我感到十分惊叹的是,这座庄园的葡萄园面积并不大,而和它相邻的葡萄园生产的葡萄酒的价格往往要比 Châteaux Latour 葡萄酒的价格低十分之九或更多。那么,为什么 Châteaux Latour 的庄园主不干脆花高价把附近的庄园全部买下,统一用 Châteaux Latour 算了?

而去勃艮第我也有了同样的问题,在我们去 Vosne-Romanée 这座村落漫步时,踏上了有几百年历史的 Romanée-Conti 葡萄园。Romanée-Conti 应该算是勃艮第地区最著名的酒庄,生产世界最昂贵的酒之一,每瓶葡萄酒的售价大概不低于 1000 美元(好年份已超过每瓶 5000 美元),一直供不应求。葡萄园占地只有 27 亩左右，而紧靠其四周的其他四家葡萄园生产的葡萄酒售价还不到它的十分之一。为什么 Romanée-Conti 不干脆把它四周的葡萄园出高价全盘下来，做大做强呢？

不管 Châteaux Latour 也好，Romanée-Conti 也好，它们可以傲然屹立于世界葡萄酒的顶峰，可能正在于它们不追求最大，只追求最好。不会因为它们的产品畅销、供不应求，就扩大生产基地，“满足广大消费者的需要”。

想一想我们国内许多著名商标或商号，一旦出名就四处开店扩张，一直要把这个牌子做臭为止。所以，到目前为止，即使是百年老店，也没有几家像样并值得信赖的。

（载于财新网博客 2010 年 1 月 13 日）

6

“3T”难题

去年11月中旬，在奥巴马访华前夕，一家公司邀我去参加其组织的讨论会“中美互信，共创未来”。会上，一位发言者大谈中美已建立相互信任，不仅未来是G2格局，且中美将共同治理未来的国际社会。

我对上述发言不以为然。我的发言大意是“中美没有互信的基础，你觉得美国会相信中国吗？你认为中国会相信美国吗？同时在可以预见的将来，中美更不可能共治国际社会。原因很多：你认为美国会同意把它在这个世界的霸权和中国分享吗？你认为欧盟及日本等国会同意中美共治吗？国际社会的格局决定了未来相当一段时期，都会是以美国为主角的多极社会”。

我发言之后不久离开，会后有朋友告诉我，那位先生在随后的补充发言中，又狠批了我一顿。我也只能是耳不听为净了。

（1999 年与北京中国会总经理在西单“中国会”）

今年以来中美关系的变化，让许多人从“中美互信”的梦中惊醒。由于人们普遍关注的中美关系中的三个“T”问题，即台湾（Taiwan）、西藏（Tibet）和贸易（Trade），短期内难以得到解决，而这三个问题都涉及中国的核心政治经济利益,中美之间只能是在磨合中发展双边关系。

在台湾问题上,美国大概是唯一向我国台湾地区销售武器的西方国家,美国以其“与台湾关系法”这一国内法为借口违反和中国签署的条约义务。尽管中国称美国的行为不“恪守中美三个联合公报,特别是《八·一七公报》原则”,但由于中国不受国际法院的管辖,也无法将美国违反条约义务的事项诉诸国际法院以得到最终的裁决。因此,中美之间只能各说其词,在博弈中得到一种暂时的平衡。

在西藏问题上,中国在过去两年对欧洲国家领导人会见达赖采取了十分强硬的姿态。如果不对美国采取相应的姿态,怕是难以树立“国家不分大小一律平等”的原则,会使有些国家认为中国是“柿子捡软的捏”。

最大的和长期的麻烦可能会在贸易方面,涉及货物和服务贸易的方方面面(谷歌事件及汇率问题也应包括在内)。好在中美都是世贸组织成员,在此问题上有一个第三方的中立机构来解决中美之间的争端。中美之间在新的一年将会不断有新的纠纷发生。有一天,人们对中美之间的贸易纠纷会习以为常。

农历新年希望是中美之间摆正心态的时机。把文章写出之时，看到前外交部长唐家璇昨天在一个会上谈到“不能将中国强大等同于对外强硬”。感触颇多……

（载于财新网博客 2010 年 2 月 9 日）

7

三下美国

由于日程安排的巧合,我 3 月份三下美国(所以用了“下”字,是因为中国人对美国都有临下的感觉),每次停留都不超过两个整天,但感触良多。

一下洛杉矶

月初去洛杉矶,受邀去加州大学洛杉矶分校(想用 UCLA,但因中央电视台已收到一纸命令,规定以后不准使用英文简称,估计财新网不久也会收到类似指令)演讲在华合同纠纷解决问题。

此行的最大收获要算见到了二十多年没有见过面的一位姓刘的朋友和她的老公吴先生了。她通过谷歌找到我并事先和我取得了联系。我在“W”旅馆,它不仅紧邻UCLA,而且这名字不禁使我回想起我们第一次见面是在何处(Where)和何时(When)。他们夫妇一早到旅馆接我去了Orange City,先在他们家附近的一个大型购物中心用餐和血拼,然后到他们有游泳池的别墅家中吃晚餐。到购物中心购物时,看到不少国际的著名品牌,比在中国和欧洲都要便宜。因而我想,如果美国把咱们的人民币汇率逼上去,那未来的中国游客不把美国都给买了?

在他们家里叙谈中,她才讲起我们第一次见面的情景。我当时回国休假,顺便看望一位同学,而她即将去法国进修。她在法国时我们曾多次见面,但自从1988年之后她去美国,从此音信全无。

晚餐之后他们驱车送我去机场,看到沿途还是灯火通明,美国作为老牌资本主义国家尚未死,更未僵。

二下旧金山

从洛杉矶回京后,绕道上海,于仲裁案件开庭两天之后,我又飞去了旧金山。

中国热在报纸和电视上都表现得很充分。我此行是为了参加国际商会仲裁院和美国国际商业委员会(USCIB)共同举办的"亚太地区国际仲裁研讨会",并就中国仲裁实务中出现的问题作发言。使我感到遗憾的是,参加会议的人员不到二百人。会前和会议期间和朋友聊天中得知,美国众多公司和律师事务所都由于经济危机的原因而减少开支,会议相关的支出是必裁无疑的科目之一,每天800美元的会议费,实在是一个不小的数字。当然这个数字从中国的角度看来,是很微不足道的。国内的有些会议动辄上万元人民币。

旧金山和硅谷毗邻,但这次我没有时间去了。一位从硅谷过来请我吃饭的朋友告诉我,硅谷还是没有危机之前的那种气氛、那种激情、那种气势,也没再有像谷歌、太阳微系统、思科那样的公司横空出世。

三下波士顿

从旧金山回京卸下行装,飞香港参加每年一度的"东方模拟仲裁比赛",又取道巴黎飞往波士顿,受哈佛三校(哈佛法学院、哈佛商学院和哈佛肯尼迪政府学院)学生组织之邀,参加他们每年一度的"亚洲商务会议",这已经是哈佛的第十九届年会。他们让我就与中国公司谈判的技巧及争端解决问题做一个发言。

会议前一天下午去哈佛大学法学院参加的讨论会要比“亚洲商务会议”给我的印象还深。哈佛法学院的学生作为天之骄子在金融危机之前的最大苦恼是对自己手中从不同律师事务所接到的用工通知该做怎样的取舍,皇帝女儿不愁嫁,而且苦于求亲者甚多。

金融危机到来之后,哈佛法学院(商学院亦如此)有众多学生找不到工作。有一位我之前认识的学生找到了工作,但被通知需要等一年以后才能去上班。这在该校历史上怕也是相当少见吧。

会后的晚上到一位法学院教授家吃晚饭,他知道我是酒的爱好者(他 3 月初来华时,我们畅饮了 1978 年波尔多地区的一个小小的 Grand Cru),因此特地领我参观了他的酒窖。酒窖藏酒甚丰,大多来自法国波尔多、勃艮第和香槟地区,也有新世界的一些酒庄的酒。但美国国产酒倒不是太多,看来也有点“外面的和尚好念经,异域的酒类更佳酿”的情结。

在他家厨房的记事板上,零乱地贴着一些菜单、广告等,也夹杂着不少美国现任总统在他家做客及和孩子玩耍的照片,忽然觉得政治离我这么近。

(载于财新网博客 2010 年 4 月 8 日)

8

由房价和地下经济说开去

新华社从 3 月 28 日开始连续发表六篇“新华时评”,对目前居高不下的房价进行抨击。可惜目前的“六评”未能阻止节节攀升的房价。

4 月以来,国务院又采取诸多抑制房地产投机的措施,如对拥有两套以上房产的买房人按揭贷款首付提高,上调贷款利率。上周六更提出对第三套房的买房人可以拒绝发放新的按揭贷款的措施。

房价继续上涨,使我想起上述治理措施都是针对官方经济的,而房价上涨的暗流却不曾涉及。

从报端了解到:重庆原司法局局长文强投资购买或

兴建的房产多达 16 套;上海市房地局原副局长殷国元拥有房产 30 套,总价过亿;上海市浦东新区原副区长康慧军利用职务低价购房 24 套, 多为“豪宅”,而这些官员从理论上说,其工资待遇最多能买一套中等的商品房。从对落马官员的报道中可以看出,几乎每个人都有这种“房”事。而目前实施的各项抑制房价上涨的措施对目前尚未查出的官员来说,不会发生任何效果。他们的交易全部是现金交易,可以用家属、亲朋好友的名义购置房地产,不存在按揭。

有时我在想,房屋的购置从什么时候开始变成“刚性需求”了呢?难道租房子就不是一种选择吗?二十几岁,刚大学毕业的年轻人都被视为房产的“刚性需求”者,这是不是开发商们给“炒”出来的呢?我 1991 年回国,租了十八年的房子,没有人在 1991 年告诉我我的需求是刚性的。而所谓的“刚性需求”,最多可以解读成房屋是以投资为目的而非以居住为目的。

我每晚下班之后,都会看看马路两旁的公寓楼、别墅,尽管届时住户不在家的比例较大,但黑灯瞎火的实在是太多了一点,闲置率太高。所以,租金也一直没有可能增长,这也是资源的一种浪费。

有时我在想,中国的房屋产权严格地说只是一项在特定时间内(最长七十年,而有些土地的期限目前仅剩四十年左右)占有、使用和处分的权利。土地使用权到期后,地上建筑物由国家无偿取得。除非到时重新交纳土地出让金(天知道那时土地出让金是什么天价)或国家的法律进行了修改,否则,到时候这些房屋都会变成国家的公有财产。那种购置房产造福子孙后代的想法是没有任何法律上的保障的。这一点,开发商似乎不经意地忘记告诉购房人了。

有时我还想,中国城市化的进程方兴未艾,城市规划十分不透明,新的工程不断。我总为购房者感到不安,觉得他们好像把家建在了建筑工地上,一个受建筑工地的噪音污染,周围环境存在很大不确定性,尘沙飞扬的房产怎么还有上升的空间呢?

许多年以来不断有经济学家预测中国的房地产泡沫即将破灭,但每每预言失灵。如果把地下经济对房地产价格上涨推波助澜的因素考虑进去,并实施相应的对策,说不定会有效果。

(载于财新网博客 2010 年 4 月 19 日)

9

留住咱们自己的污染

入夏以来，或许由于气温的升高，或许由于水位的升高，不时传来祖国江河污染的消息：

7月3日，紫金矿业位于福建上杭县的铜矿湿法厂发生污水渗漏事故；

7月16日，大连新港发生输油管线爆炸；

7月28日，吉林松花江上出现7000只左右的化工物料桶。

紫金矿业渗漏事件据报道大约造成378万公斤的鱼中毒。据说县政府每公斤鱼补偿12元，这或许和市场价差不多了吧？对鱼苗按每公斤12元全部进行收购。不过我不太理解县政府着的是哪份急。也没有看到紫金矿业到底赔了多少钱,或者就事故可能需要的赔偿作出了多少补偿。紫金山铜矿湿法厂污染之水流到广东省,据说水的断面铜浓度符合国家 III 类水标准,并没有超标。而在紫金矿业网站上,“个别媒体报道失实”也开始作为网站的“核心提示”而耀眼显现。

大连新港 1500 吨原油流入大海,和英国石油公司数十万吨原油注入墨西哥湾,数量相差甚远。当然如果按照每公斤 12 元收购死鱼作为赔偿标准的话(海鱼或许更贵一些吧?),我想肇事企业大概赔不了多少钱,因为没有看到多少公斤鱼类死亡的报道。不过,事发之后政府即明确指示,要把工作重点转移到海上清污工作上来,绝不能让油污流向公海。我想,更不能让油污吹给韩国,否则,再按公斤计算补偿可能就会行不通了。

说到吉林松花江上的化工桶,昨晚看凤凰卫视采访一位高人,说是漂浮的铁桶封闭严紧,不会有任何问题。只是他话音未落,画面便是一个铁桶发生爆炸,让人哭笑不得。为了这些没有任何污染问题的漂浮物,国内消防官兵,驻吉林部队等已有上千人参与拦截打捞。

由于化工桶已进入松花江,俄罗斯方面也开始行动,化验水质。如果水质有问题,又是一起国际污染事件。

这几起事故使我想到,中国的邻居甚多,在国内的污染事件,有些可能会变成外交上的事项。前几年看到日本的报道,说是中国的沙尘暴已经越洋飞入日本寻常百姓家。中国的沿海江河的污染问题,很可能会造成跨国污染问题。在大连和吉林的大动员,大概可以解释为防止污染成为国际问题的巨大努力。

不过,任何公共权力的使用,如果是为了消除某些企业的违法行为或疏忽所造成的恶果,那么,相应的各项支出就应该向该企业追讨。咱们可以留住咱们自己的污染,但是,钱应当由污染者出。而且,它们需要付出的代价不仅应当包括由于该行为或疏忽所造成的直接损失(如死掉的鱼),也应该包括间接损失。只有如此,才能根除那些不能容忍的恶意污染。

(载于财新网博客 2010 年 7 月 30 日)

10

国外的野鸡大学和国内大学的野鸡

唐骏的学历门,在经过媒体近两个月的报道之后,现在似乎有逐渐淡出公众视野的趋势。“野鸡大学”这一称谓也已成为知识界,特别是海归界茶余饭后的谈资。且一律把矛头指向那些以营利为目的发文凭而未得到官方承认的大学。许多人对在当今时代为何野鸡大学还能使众多中国人上当受骗感到不解。

国外野鸡大学骗了我们国人不少钱, 但他们中的大多数还是“姜太公钓鱼,愿者上钩”。因此看不出国人对这类学校的憎恨。这也可能是因为中国人不差钱,或者说在学位问题上不差钱。若非我们生活在网络时代,怕是众多博士、工商管理硕士以及其他修成正果的才子佳人还会与日俱增,抑或使我们“三日不见,刮目相看”了。难怪现在的大学生、硕士生就业困难,说不定这泛滥的野鸡大学文凭也是原因之一吧?另外,中国早已在2008年成为世界上最大的博士学位授予国。

不过,如果说野鸡大学是国外特产的话,“野鸡”倒不是国外的特产。国内大学均需教委承认其学位授予资格才可行,因此,在国内建野鸡大学怕是行不通的。尽管大学非野鸡,但有些大学倒不乏“野性”。有的学校为了广开财路,不需考试或只需象征性考试,不需撰写论文或只需象征性抄写点东西,就可以拿到硕士或者博士学位;有的学校则非为财路而为官运,把学位拱手奉献给官运亨通者,从而为校领导的前途铺平康庄大道。不知该把这类学校部分定性为“野鸡”?还是把有关的领导视为“野鸡”?或者干脆把这些不入校园就取得学位者当成“野鸡”?让人不得而知。

国外野鸡大学问题及国内大学野鸡问题,说到底是经济问题和诚信问题。传说中“有钱能使鬼推磨”,而现实生活中,有钱能使校门开。有权亦可顺手把学位揣入怀中(退休后取得难度会增大)。不知这传说和现实,哪一种更使人毛骨悚然。

当然,对"野鸡"之类的评述,不能忽视两个问题:一是拿到假文凭或水分太多的文凭者,其中不乏业界精英或者官场称职之辈;二是拿到真文凭者,其中也不乏庸碌之辈,"盛名之下,其实难副"。学历门不是能力的评定,而是诚信的评判,这是当代中国需要正视并进行深刻检讨的问题。

不过转念一想,窃以为唐骏学历门一事可以休矣。否则,众人从国外野鸡大学渐渐开始更多关注国内大学野鸡众生相,会对建立和谐社会产生不利的影响。

(载于财新网博客 2010 年 8 月 4 日)

11

万里长城和泰姬陵

在海南三亚举行的金砖五国峰会在世人关注下闭幕。这使我想起几年前希望探讨的问题:中国和印度这两个世界上人口最多的国家到底有何不同?为什么能在发展中国家中双双异军突起?

我曾多次出入印度,尤其在2007年夏季,我拜会过印度商业和工业部部长拉梅什(Jairam Ramesh),他被视为“中印”(Chindia)一词的创造者。中印关系,有时就像这个词那样紧密。每次想到这个词,我都不禁联想起中印发展模式的异同。

在政治制度方面,印度有大小1000多个政党,实行议会制度,你能想象1000多个政党参与选举该是多么热闹而嘈杂。而中国实行的是共产党领导下的多个民主党派参加的人民代表大会制度。

印度是世界宗教的博物馆,不信仰宗教的人几乎不存在。而在中国,受儒家传统观念的影响,信仰宗教者的比例少得可怜。是宗教的狂热可怕,还是信仰缺失的虚无可怕?

印度司法独立,但法官办事效率低下。根据现有情况,按现有法官的结案速度算,他们大约300年后可以审理完毕手中的案件。而中国的法官每年有结案率的绩效考核,审结案件的效率似要高出印度许多,当然有时案件处理“难免”草率。

印度贫富差距随处可见。我有一次去孟买郊区,出租车司机为赶路(也许是迷路),路过面积庞大的贫民窟(Slumdog)。似乎看不出那些贫民对我们这些路人的憎恨或敌意。而中国尽管常有强制拆迁的民怨或冲突,棚户区或旧城改造进展迅速,已不存在像印度那样“悲惨”的贫民窟。

印度公共工程进展迟缓,任何一项高速公路、铁路及机场建设,都会由于民众反对或司法程序而停滞不前。新德里、孟买和班加罗尔等我所去过的印度机场,都陈旧不堪,从机场到市中心也没有像样的高速公路。而在中国,基础设施建设日新月异,高速铁路既是世界最快(尽管最近提出减速),也是世界最长。而在印度现有政治体制与司法制度之下,这样的速度怕是永远也不会有的。

缺少像中国这样的基础设施建设的硬件环境,印度似乎更注重软件开发、IT 产业发展,服务外包发展迅猛。由于印度作为英国殖民地的历史,一般民众英语达到母语水平。世界众多大公司的呼叫中心设在印度,而中国则是生产实物的"世界工厂"。

印度看不到令我印象深刻的现代化建筑,更没听说领导人有什么像样的"形象工程"。而在我们偌大的中国,不时听说某些地方领导有大手笔,连我的家乡,也能爆出县级政府建成比美国白宫还壮观的"白宫"新闻。

2007 年夏季拜会两位印度政府部长的新德里之行,我印象最深的是两个部委办公楼里竟然没有空调,40 多度的高温,几乎令我中暑。空调只有部长们的办公室里有。这使我震惊,没有良好的工作环境,怎么可能有效地"为人民服务"?

在中国,雄心和抱负使我们建成了万里长城,并在当代修出笔直的高速公路和无与伦比的高速铁路。我们大干快上经济建设,“不管白猫黑猫,抓住老鼠就是好猫”。老百姓们努力工作,恨不得一天后就能成为百万富翁。而印度人的心态似乎比较淡定,他们安于现状,那些在贫民窟生长的人,似乎没有改变他们生活现状的愿望,很是认命。我十多年前曾从新德里乘坐拥挤的火车去阿格拉,计划参观举世闻名的泰姬陵。正要从“红堡”出发去几公里外的泰姬陵时,客户要求我立即返回新德里然后赶回北京,因而抱憾,最终没能一瞻泰姬陵。近来听说泰姬陵附近河道干涸,地基所用的木桩缺水,基座最终将会崩塌,让人担心这不仅属于印度,更属于全人类的完美建筑的命运。

中印两国在政治、司法、宗教、文化等方面大相径庭,发展的道路亦迥然不同,很难从同步崛起中找到共同的要素,因此,对于中印发展模式的比较和争论一直很热,也还会热下去。让我们拭目以待。

(载于财新《新世纪》周刊 2011 年第 16 期,
2011 年 4 月 25 日版)

12

学费何时了

一个理性的公司是不会这样坦然地去做赔本生意的。

——题记

现在,中国企业正积极地“走出去”,到海外投资、兼并收购或承包工程项目,但时有巨亏或纷争的消息传出。

在最近一波坏消息中,较严重的一个就是中海外(中国海外工程有限责任公司)波兰高速公路项目。中国中铁子公司中海外牵头的总承包方拒绝履约,将面临

2.71亿美元的潜在索赔风险,以及三年内禁入波兰市场的处罚。

最新的这起中海外案例并无新意。它犯的也是其他中国企业在海外常见的毛病,即在投标过程中,对项目在技术、财务等各方面的调研明显不足;在设定投标价时,因急于求成,把投标价格定得偏低或明显偏低。这样的定价,不仅令许多业主方、竞争对手或评标机构感到不可思议,也容易遭致国际舆论非议。因此,就会有人怀疑中国政府是否为投标公司背后的推手,是否把项目作为实现中国政府政治、军事和外交目的的手段。另外,在中海外波兰案件中,业主方和波兰政府还曾一度误以为中国企业的低价竞标是"神秘的中国特色",误以为中国人在管理、劳动力、原材料设备等方面确有"特殊"优势。

总之,中国企业的低价投标行为,很难让外国人理解为是简单、纯粹的市场化行为,因为他们坚信一个理性的公司是不会这样去做赔本生意的。

国际工程承包项目的投标、管理、建设等是一个系统工程,工程项目的一砖一瓦,每一吨土方,每一寸钢筋,说到底都是要靠法律和合同来界定与保障的,来不得半点粗心和侥幸。可惜,中国企业在这方面的意识非常薄弱。从中海外案件中可见,不仅招标前“随便转一圈”就提出报价,甚至连合同文本也只做“部分翻译”,很难想象,中国企业可以在一份自己完全看不懂的波兰语合同文本中签下字、盖下章。

因为受制于“夺标”的急迫性,中国企业在投标过程中往往不敢改动招标方提供的合同文本。然而,任何合同文本的起草都贯穿着起草方利益最大化的原则。即使招标方选择使用了国际通行、甲乙双方权利义务相对均衡的 FIDIC(菲迪克)合同条件,但招标方大多会对其标准合同作出改动,很有可能打破 FIDIC 原合同的平衡设计。作为国际工程项目中相对弱势的乙方(承包方),合同是在旷日持久的作业中能够真正保护其权利的最重要的法律依据,它既是权利主张之矛,也是防止对方对自己增加任何非合同规定的责任、负担、义务之盾。而中国企业往往是在出了事之后,才追悔莫及地意识到这一切,但下一次,又很难保证不旧病重犯。

我们时常在涉外工程项目合同中看到显失公平的条款,看到中文与外文合同两种版本表述不一致的情况,这些都未能引起中国企业的重视。有些中国企业在第三世界国家运作多年,形成了一些习惯性的思维与行事方式，认为任何事情都可以通过“红包”来摆平，合同之外还有很多的运作空间与手段，尤其央企、国企大多还存在这样的心理：靠中国政府日益增强的国际影响力，合同的问题是可以通过双方政府进行重新调整的；不合理的规定是可以得到更改的；甚至，在需要的情况下，中国政府是会出面兜底的。

国际工程项目的法律风险贯穿工程项目的全过程，当地国家政局的变化（如利比亚）、政府的变化（如苏丹）、动荡（如埃及），都会对项目的履行产生影响。即使是在一个政治经济比较稳定的国度（如波兰），如果缺少相应的合同安排，也可能因原材料市场价格的波动造成中国企业血本无归。

中国企业常把项目的技术支持和法律咨询看成没有太大意义的事，它们把这些必要的开销看做可以压缩的成本。再多的说教都不及事实的惨痛教训，也许只有历经失败，交足昂贵的学费，才能让中国企业在“走出去”时真正成熟起来。

20世纪90年代，笔者曾代表德、法、中联合体参加黄河小浪底工程项目投标。我们和国外商务团队合作，投标前对法律、财务、劳工、保险等各方风险作了详细的分析论证。时至今日，有些中国企业在海外投标时,好像还没达到西方国家二十年前的风险防范水平。

(载于财新《新世纪》周刊 2011 年第 29 期,
2011 年 7 月 25 日版)

13

“少年犯”乔布斯

到底什么样的外部环境促成了乔布斯的成长，保持了他的创新精神？美国时间10月5日，史蒂夫·乔布斯病逝时，我正在美国参加研讨会。我随即用iPhone3手机给朋友发了条短信：“没有乔布斯正像没有莫扎特一样，对人类的生活来说都是不可想象的。”

回京后，开始读关于乔布斯的两本传记。开卷不久，我就深深感到，他如果生活在中国现有的教育和文化环境下，估计会成为“少年犯”，有可能会在管教所的高墙大院里，度过一段他的少年时光。

是啊，他上小学就恶作剧，不仅乱贴混淆视听的小广告,而且竟敢在老师的椅子下点燃炸药。但是,每次被老师送回家时,他的养父却向学校声称,“如果你们提不起他的学习兴趣,那是你们的错”。而中国的家长在此时很可能把小孩揍上一顿(不管真打还是假打),然后向老师赔礼道歉。又有哪位家长胆敢说出上述大不敬之言?

15 岁时,他抽大麻,被养父发现后竟称:“我不愿意保证再不抽大麻了。”而他的养父竟也没有采取强制措施。此时,中国的养父若不把他送到戒毒所,那就十分奇怪了。

16 岁,他又和后来共同创建苹果的沃兹模仿当时的一名黑客,制造可以盗打免费电话的蓝盒子,并且非法销售,非法牟取利益。这使我想起因在 ATM 机上恶意取款 17 万元,而被广州市中级人民法院判处无期徒刑的许霆。

17 岁,他进入里德学院,但很快退了学。他既不想付学费,又不想再去上他不感兴趣的课程。但校方竟容忍他旁听课程,并继续保留宿舍。这在中国无论是在公立还是民办大学,都是不可想象的事情。

20 岁,他在一家公司开发游戏软件时欺骗他的朋友沃兹,把因节省芯片而得到的奖金(据说有 5000 美元之巨)据为己有。

瘾君子,盗打电话,欺骗朋友,在法庭上为了不承认自己的女儿而谎称无生育能力,乔布斯的劣迹不胜枚举。上述任一事件,在中国现有的教育制度下,都是难以被容忍的异数。但是,如果在上述任何一件事情上,乔布斯受到严惩、训诫、劳动教养等待遇,都可能把他身上非凡的创作热情、疯狂探索的自我意识扼杀掉,也因此可能改写全球亿万人在信息时代的生活体验。

没有人质疑乔布斯带领苹果公司一次又一次地改变世界,但我们更应该问一下的是,到底什么样的外部环境促成了一个乔布斯的成长,保持了他的创新精神?

这使我想起中国按部就班的教育制度。中国小学、中学填鸭式的教育,使青少年的个性天分与才华完全被这一套程式所压抑。忙碌的奥数、钢琴、各类补习班,都是为独木桥式的高考所不得不做的准备,而少年时代玩耍、恶作剧、动手创作的时间都被占用殆尽了。

这使我想起中国古代"人无完人"的宽容,以及中国当代对孩子求全责备的严格。乔布斯总使我想起"竹林七贤"中的嵇康。嵇康崇尚老庄之学,讲求养生之道,主张"任自然"的生活方式。而乔布斯信奉素食,甚至不洗澡、不洗脚,害得办公室脚臭熏天,同事及客户十分反感。

在中国的公司,如果他不被找个理由开除,那一定是个奇迹。

怎样为个性发展创造宽松和宽容的外部环境,是中国的家长、学校及所有用人单位都需认真研讨的问题。

正如一篇悼念乔布斯的文章所说:“乔布斯是一个天才,但不是我们生活的楷模。”为了中国未来天才的生存环境,我们应当有改革现有教育制度的决心,为青少年成长创造更为宽松的环境,允许他们犯这样或那样的错误。天才们可能桀骜不驯、惹是生非,“他们发明,他们想象,他们治愈,他们探索,他们创造,他们启迪,他们推动人类向前发展。也许他们必须疯狂”。

(载于财新网博客 2011 年 11 月 8 日)

14

再话中国企业“出海”

眼下，伦敦奥运会激战正酣，与以往相比，“走出去”成为本届奥运会的一个关键词。在诸如乒乓球、举重等项目的赛场上，观众不仅可以看到来自中国队的高手夺冠，还可以看到一些原中国籍运动员代表外国队与中国运动员同台竞技。

体育运动员的“走出去”，不禁使作者联想到中国企业的海外并购。对这两件看似“风马牛不相及”的事情进行比较，倒也妙趣横生。同样都是出海弄潮、旨在促进与国际交流和竞争并达到“共赢”的目标，不同的却是：体坛“走出去”的都是中国的传统强项，是“输出”部分优秀体育人才以期达到资源的优化配置。这样做的效果也是立竿见影的，在四年一届的奥运会和更加频繁进行的各类国际比赛中，便可看到“走出去”的与“留下来”的运动员们高手过招、一分高下。相比之下，中国企业的“走出去”却真正是险象环生的“出海”。首先，从进行并购时的宏观形势、目标公司的情况、东道国的政治经济环境等各方面来看，“出海者”都可能面临前所未有的挑战和不确定性，这意味着“走出去”的计划随时可能因为各方面的原因和风险而搁浅。其次，即使对于“有幸”完成并购交易的“出海者”，驶向“成功”彼岸的航程依旧漫长曲折。并购付出的是真金白银的高额成本,经历的是复杂多变的并购及整合过程,但又有多少收购方能够最终达到并购预期的目标呢?在撰写此文时,作者刚听到从赞比亚传来的中资煤矿骚乱、一名中方经理身亡的不幸消息。根据报道,赞比亚劳工部长在宣称政府将进行调查的同时,表示“不明白为什么该煤矿的中国投资者与工人之间总是关系紧张”。同时,媒体也在讨论中海油收购的加拿大尼克森公司(Nexen)因涉嫌内幕交易而被美国证券交易委员会调查的话题。

1. 海外并购的趋势及目前的全球金融危机

中国企业“走出去”始于20世纪90年代初,自那时至今,海外并购交易的数量、金额均发生了令人叹为观止的增长。根据近期出台的《“十二五”利用外资和境外投资规划》的统计数据,2005年至2010年短短五年间,我国累计境外投资2289.2亿美元,年均增速34.3%。单项投资规模日益增大,几十亿美元的投资项目不断出现。中国海外并购的另一个趋势在于,并购的目标以能源和采矿业(集中在石油、天然气、矿产等领域)为主,并逐渐向诸如汽车、电信、电子设备、机械设备等制造业、IT与其他行业扩展。并且,较之早年纷纷涌向非洲和拉丁美洲,近年来中国海外并购的重心越来越偏向欧洲及北美的发达国家和成熟市场。

纵观三十余载的中国企业海外并购历程，发现笑傲江湖者寥寥无几，铩羽而归者却比比皆是。具体而言，“出海”计划可能因为实施主体的不同情况而面临不同方面的问题。比如，大型国有企业实施的“出海”并购项目往往是业界普遍公认的“大手笔”，但这样的“大手笔”项目有时会招致东道国甚至国际舆论在政治、经济等方面的非议与责难。同时，由于并购者的国企背景，也不乏政客对此大做文章，宣扬“中国威胁论”。最近被广泛议论的中海油斥资上百亿美元收购加拿大石油企业尼克森公司的事件就是个例子。虽然目前看来，中海油与所涉及的内幕交易毫无关联，但背后利益链条的驱动、好事者的炒作与舆论的压力足以使这桩商业交易升级为政治事件，进而可能影响交易进度或触发意想不到的障碍。另外，对于近年来异军突起的民企“出海者”特别是中小企业而言，协调各审批机关对于并购的态度将成为其并购“必修课”的重要部分。比如，2009 年腾中重工拟收购通用悍马，最终因未在拟议的交易时间里获得中国主管机关的审批而告吹。

企业海外并购面临的另一个问题在于“出海者”自身。作者多年以来一直反复重申，中国“出海者”的通病在于贪大、图快和盲目跟风。遗憾的是，少有企业能够平心静气地花时间上足海外并购的“必修课”、小试牛刀积累经验后，再图在海外长久的发展与壮大。比如，2008年金融危机引发了中国企业的“出海”高潮。当时，出于“贪便宜”“跟风”心态的“出海者”以低价去抄底境外目标企业或资产，但却因为缺乏整合和营运能力，或者对东道国政治、法律、环保、劳工等各方面风险预计不足，从而深陷投资陷阱。一桩桩貌似“便宜”的交易导致了无穷的后患和代价。这方面的一个典型案例是中钢对于澳洲铁矿项目的收购：自2008年至2011年短短的三年间，这场当初被比喻为“与象共舞谋双赢”的跨国并购，就因为中了“收购容易开采难”的魔咒而沦为“鸡肋”。最终，中钢只能放弃原来的开采计划，使其投入的13亿澳元变成了沉睡于西澳地区地下的近10亿吨的铁矿石。又如，有人认为当前的经济形势正适合“出海”抄底，对此作者不敢苟同。企业海外并购的决策应是基于对多方面因素的综合分析而作出的，这些因素既包括诸如政治、经济、法律、产业、文化等宏观因素，更应侧重于对企业自身的运营能力、规划目标与企业文化的客观考量与定位。因此作者认为，目前的国际金融危机及萧条的经济形势之于“出海”并购而言，从远景看来不过是2008年以后的“二次探底”。是否利用这个时机

“出海”,主要要看准备“走出去”企业和拟并购项目的具体情况,切忌盲目跟风和好大喜功。

2. 并购协议的签署不能说明并购成功

除去前文所述的海外并购所面临的问题,作者反复重申的看法是,仅是成功签订并购协议并完成交割,绝不意味着海外并购项目的成功。

作者认为,“出海者”所面临的风险与阻碍,不仅体现在并购交易完成前,更会延伸至交易后对目标公司的整合及后续运营中。中国企业“走出去”之后所面临的阻力与压力,远远大于其他国家的“出海者”。比如,日本作为我们的邻国,在20世纪80年代的海外并购方面与我们有着惊人的相似。但同样作为海外并购者,中国企业和日本企业在东道国面临的待遇与命运则可能截然不同。由于中国的政治制度,较之于日本企业,中国企业往往更需要对东道国政治和法律进行更全面的评估,对运营、财务、市场、劳工等方面有更充分的认知与理解。否则,中国企业的海外收购将会由于当地国家事实上的歧视性待遇而陷入困局。

另外,近年来屡屡发生的中国工人在海外遇袭甚至被劫持事件,也披露出中国企业“走出去”后所面临的安全问题。由于中国企业曾热衷于在非洲、拉丁美洲的一些不安定的地区投资,但缺乏对这些地区不稳定和多变因素的评估,在当地又没有可靠的安保力量,因此屡屡发生不幸。如果一项海外并购项目需要付出的是生命的代价,无论该项并购能够获得多么巨额的经济回报,都无法被认为是成功的典范。

经验证明,并购之后的整合对任何企业的兼并、收购都是一个巨大的挑战,它也是一个并购价值的摧毁过程。任何对整合过于乐观的估计都可能会产生令人遗憾的结局。

综上所述,作者认为中国企业的扬帆"出海",应以充分的法律和政策支持作为保障。首先,国家在鼓励中国企业"走出去"的同时,应科学地设计、出台一系列切实可行的政策,引导中国企业在"走出去"之前有途径获得相关知识并进行充分的准备和风险预估。在走出去之后,能够持续了解东道国的投资环境,在遇到极端情况时可以及时获得相应的救济。其次,从作为计划"出海"的企业本身出发,则必须加大投入进行前期调研及获得专业服务。比如,可以聘请律师设计相应的交易结构、进行充分尽职调查并起草完备且具有可执行性的交易文件,从而针对"出海"并购的风险和不确定性设计并获取保障和救济。

3. 总结

如果把海外并购比作体育赛事，则无论对于国有企业这样的“国家队”，还是民营企业这样的“私营俱乐部”，都需要本着慎之又慎的态度，从企业自身能力出发明确并购目标及做好各方面的准备。如作者经常建议的，由于海外并购的诸多不确定性，“出海者”可考虑先持有收购目标少数股权，借此机会多多了解海外市场和投资环境、政策等各方面知识并积累经验，避免陷入进退维谷的尴尬境地。

（载于财新网博客 2012 年 9 月 5 日）

15

城市的灵魂

在过去的十年左右，一些规划者对重要古迹有了保护意识，但对一座城市的灵魂似乎仍很茫然。

多年以来，我对中国公司的名称感到不解。为什么一个中国公司的名称一定要包括城市、商号以及行业这三大要素呢？比如，为本杂志提供印刷服务的公司是北京华联印刷有限公司。当然，大型国企或投资规模超过3000万美元的某些外资企业，似乎可以例外地用"中国"取代"某市"，比如：中国海洋石油工业公司。

我对这种僵化的程式曾经多次提出意见，如此下去，中国很难出现"微软"这样响亮的名字。但工商部门不为所动。这不,微软在中国也得起一个中国式的名字——微软(中国)。

到处贴着城市标签的公司名字,让置身于该城市的人时感滑稽。我这两天在上海,到处见到公司的名称以"上海市"开始,仿佛是在提醒我身在上海。这令我想起中国城市的灵魂问题。

记得大约二十年前,一位法国朋友到北京出差,他从我在京广中心的办公室眺望窗外的北京城,转过身来说:"尽管我对你十分尊重,但我不得不告诉你,北京和东京一样,大概是城市规划最失败的城市。"他的这一番表述令我震惊。但似乎也道出了一个难以反驳的事实。

许多人记得北京城墙被"强拆"的故事。建国后,政府认为北京城墙妨碍交通、不利于城市规划,决定将其彻底拆除。从 20 世纪 50 年代初至"文革"期间修建北京地铁,全长近 40 公里的北京城墙被拆除殆尽,最终只遗存北京站南、内城东南角楼以北和西便门附近三处内城残余。以建筑师梁思成为代表的保留派曾为北京古城被毁而挥泪奔走。而这样的悲剧至今还在重演,北京南城改造就不能不说是对北京作为古都遗址的破坏。

为了建成一座所谓现代化的城市,全国不知多少古迹被破坏。而那些被保留的古迹,由于缺少与周围环境营造的整体感，在我眼中，它们像是沙漠中的绿洲。这种对古建筑的破坏，在当时看来是那样的理所当然，那样的适应潮流。

深谙“二十四桥明月夜”的诗句意境，我到了扬州便不敢去参观城市古迹，唯恐我心中残留的古都印象被残酷地粉碎。熟知滇池的“长联”以及西南联大的美丽故事，我看完昆明城之后便感到失望。难道春城就应该被这等作践吗？

许多城市在过去的几十年逐步变成了千城一面，原来特有的街道、民居，纷纷让位给毫无特色的高楼大厦与宽阔的柏油路。越是富有的城市，它的规划者们似乎越是对古迹没有感情。

在过去的十年左右，也有规划者对重要古迹有了保护意识，但对一座城市的灵魂似乎仍很茫然。

前几年提出“建设社会主义新农村”的发展蓝图，着实令我浑身盗汗，害怕地方官员“好大喜功”的规划风格要横扫万千民风古朴的乡村。如今，由于地方财政预算吃紧，国家耕地红线保护等措施，这一“蓝图”未能大规模实施，实属万幸。

城市建设不仅千篇一律，而且多有粗制滥造。从北京西站“豆腐渣工程”，到上海的“楼倒倒”，再到不知多少没有建成就已倾斜、就要被炸掉的楼宇。当我看到建筑工地上“百年大计，质量第一”的红色标语，真是哭笑不得。上海外滩那些帝国主义强盗在一百多年之前建成的建筑仍岿然屹立，这足以令众多的设计师、工程师、施工队伍感到汗颜。不过，想来他们也是配合市政当局的意图，建造、倒塌、清理、重建——这都是片面追求 GDP 翻番的结果。

我们还应感谢工商部门对公司命名的有关强制性规定。否则，如果某一天把你放在一座城市，你虽不至于“不知今夕是何年”，但一定会不知身在何处。

（载于财新《新世纪》周刊 2011 年第 39 期，
2011 年 10 月 1 日版）

16

中国企业“走出去”：做好功课为先

日前有媒体传来消息，由于中日关系在今年早些时候因历史原因恶化，中国赴日本游客数量锐减，导致日本加森观光株式会社接受中国企业注资的谈判破裂，双方原计划在北海道投资约510亿日元建设大型旅游度假设施的合作意向也随之化为泡影。因中日关系紧张导致中国企业放弃大规模对日度假村开发投资计划，这恐怕是迄今为止的第一起。

对于中国企业而言，“走出去”向来没有被当局视为是高失败率及高风险的投资活动。但据保守统计，近年来中国企业“走出去”的失败率在60%左右。

所谓“高风险”,不仅指中国企业在达成境外投资交易的过程中可能面临种种困难和不确定性,还指交易达成后成功整合目标公司并稳定运营的概率较低。就交易过程而言,除了前面提到的政治风险(国际关系、东道国政局稳定程度等),中国海外投资者在“走出去”之前要取得国内相关主管部门的全套审批、备案或登记,获准“走出去”后还可能面临东道国在市场准入、国家安全、反垄断等方面的重重审查。另外,由于本国与东道国在政治、经济、法律、文化、劳工、环保等诸多方面的差异,中国企业必须做足功课来应对各方面“鸿沟”可能带来的风险和障碍,并且要提前在合同、知识产权保护、税务、汇率等方面进行计划或筹划,保证海外投资的保值、增值。

具体而言,中国企业“走出去”之前应该注意以下问题:

首先,中国企业应注意理性和务实,选择收购目标和搭设交易架构,切忌盲目“贪大”“图快”。这是笔者经常给中国海外投资者提出的建议。在收购目标的选择上,中国投资海外企业应当选择熟悉的领域或行业,即使有些海外并购项目是为了增加中国投资企业的业务种类,也应在充分了解收购目标行业及具体运营情况的前提下考虑是否收购。否则,投资者很容易陷入“交割容易整合难”的尴尬局面。在交易结构的搭建上,笔者一向强调中国投资者应摒弃好大喜功的心态或“控股情结”,不妨先尝试收购目标公司少数股权,从小股东做起(当然这个要建立在设定合理增持机制的前提下),学习经验技术并逐步掌握东道国投资环境及目标公司各方面情况,适时再决定是否增加持股比例。

其次,应注重前期尽职调查和合约起草。优秀的尽职调查团队应了解拟投资行业及东道国的情况,能够给出具有专业价值及商业价值的分析和建议。在合约方面,中国投资者一方面应审慎签约,即只有在对交割前提条件、公司治理和控制、退出机制、双方权利义务及争议解决机制等核心条款充分理解并确认能够执行的情况下,才能考虑签约;另一方面,一旦签约,就要确保双方严格按照合同约定履行。

再次,还应注意吸取以往经验教训,避免因对国内外主管机关审批程序了解不足而导致交易延迟甚至搁浅。中国企业“走出去”须接受国内各主管机关(如国家发改委、商务部或省级商务主管部门、国资部门、外汇管理局等)的重重监管,这些机关的审批步骤和流程烦琐,出台的相关法律、法规及规章浩如烟海,对于拟进行海外并购的企业来讲，对任何一个环节的认知缺失或疏漏都可能导致整个并购计划的延迟甚至流产。外国卖方常常因为中国政府审批的不确定性而要求中国买家支付溢价。而且，走出国门后，中国企业需要满足东道国政府的种种要求或审查，通常包括国家安全审查、反垄断审查等，对东道国相关法律及政策的了解也是“走出去”企业必须做足的功课之一。

此外，企业“走出去”，更应该注重组建国际专业服务团队及培养国际经营管理人才。笔者认为，在这一点上中国企业与跨国公司的差距尤甚。跨国公司进行跨境交易时，一般会聘请专业的国际化中介团队（如投行、会计师、律师、评估师等），公司内部也会培养、组建熟悉相关业务的团队，与中介机构紧密合作确定交易细节。培养、组建国际团队的另一个好处在于，高水准的国际经营管理人才能够帮助投资者疏通政府关系和公共关系，有效地与交易各方进行沟通并保证并购和整合得以顺利实施。但是，上述方面恰恰是许多中国企业所忽视的。一项成功的海外并购，必须是“天时、地利、人和”的统一，而不是仅仅由中国企业的购买力决定的。

从现实中的具体运行情况来看，中国企业“走出去”的前景，在目前形势下的判断可谓喜忧参半。

从积极方面讲,貌似在当前政治经济形势下,中国企业“走出去”具备了前所未有的“动力”。一则,加快实施“走出去”战略是“十二五”规划提出的重大任务。在刚刚落幕的中共“十八大”上,“走出去”作为重点话题受到与会代表们的热议,“实行更加积极主动的开放战略、加快走出去步伐”也被写进了十八大报告。二则,借着当下国际经济形势低迷、人民币汇率保持稳定的“东风”出海“抄底”,是不少中国企业制定“走出去”计划时抱有的心态。上述“积极”影响仿佛已初露端倪,据国外权威媒体及中介机构统计:2012年,中国企业对欧盟的投资在金额上已远远超出欧盟企业对华投资,这种前所未有的顺差也许预示着中国企业“走出去”新浪潮的到来。

但是,仿佛少有人在展望“走出去”前景时,先客观评估中国企业的现有综合素质及抗风险能力。一项海外并购交易的交割只是交易成功这一万里长征的第一步。计划“走出去”的中国企业一旦迈出国门,将面临全方位的“生存考验”,只有具备较高运营管理及抗风险能力的投资者,才能幸存并得到投资回报。相反,如果不具备上述能力,中国投资者面临的将是比普通贸易行为惨重得多的损失和教训,比如目标公司失控、巨额索赔、合资纠纷甚至暴力冲突,这些均已被以往的真实案例反复验证。如果不是基于对自身理性定位及对行业、目标的合理评估而制定“走出去”计划,并一步一个脚印地实施计划,恐怕“走出去”的越多,跌倒得越重。

(载于财新网博客2012年12月28日)

17

窗外即景

再次回北京嘉里中心南楼办公并加盟美国德杰办公室已有两个来月，每当我望向窗外，总是情不自禁地将目光投向中央电视台新址。作为中国最引人注目的后现代主义的建筑，可以毫不夸张地说，央视新址完全颠覆了传统摩天大楼的构思，而是形成了 49 层高且挑战重力定律的“回路”设计。每当我不经意间瞟过她的身影，犹如惊鸿一瞥，当年她建造期间的一系列富有戏剧性的往事便都浮上心头。

我对于央视新址的建造过程的最初记忆，要回溯到 2002 年。那时候，我的团队代理建筑师 Rem Koulhaas 和他的公司(大都会建筑事务所)同央视展开了旷日持久的设计和施工合同谈判。在合同签署仪式过后，正当大家终于松下一口气来时，政府对于央视新址的建造总成本以及该工程是否会加剧中心商业区的交通拥堵提出了疑问。鉴于这样的忧虑，政府叫停了开工仪式，央视新址的建造陷入了无限期延迟中。

那时候，我总是频频向当时我在京广中心的办公室窗外凝视，那一片建筑土地空空如也，我也不知道央视新址的命运最终将何去何从。然而，经过大约 6 个月的焦急等待，我们终于迎来了政府的“绿灯”。同时，还伴随着在央视新址附近新开辟一条道路的计划，以便缓解该区域的交通压力。央视新址最终未能赶在 2008 年北京奥运前夕投入使用,但万幸的是施工终于得以开始。

2009 年年初,正当人们迫不及待地迎接央视新址的竣工时,一场始料未及的大火再次拖延了她投入使用的计划。大火发生在 2009 年 2 月 9 日,当时正值中国传统的元宵佳节。由于北京仅允许春节和元宵期间燃放烟花,业主出于善意,计划在央视新址的上空燃放大型烟花,以便拍摄华美的视频用于 2009 年 5 月该新址正式投入使用时播放。不幸的是,她的附楼电视文化中心被烟花点燃,基本烧成一片废墟。计划不久后开业的北京文华东方酒店也不得不取消酒店管理合同。央视花了整整一年时间考虑该中心是否需要拆除,或者仅仅对其外墙结构进行翻新。那曾经光鲜亮丽的金属外墙历经风吹日晒,早已不复风采,日渐死寂最终演变成一栋“焦楼”。那段日子里,我还参与处理了因大火引起的潜在争端。

最终,电视文化中心的外墙翻新工程在 2010 年 8 月启动。由于该建筑的主体结构并未遭大火破坏,在移除焚毁的幕墙且重建外墙之后,该建筑恢复原貌。相应地,央视新址的“再次”投入使用时间也因而再拖延到 2012 年年末。

每当夜幕降临时，我望向窗外，总是可以欣赏央视新址将北京城的夜空点亮。相比之下，她的"小姐妹"电视文化中心，却仍然淹没在被人遗忘的黑暗里，只有点点灯光表明其还在施工过程中。每到这时，我便由衷期盼该修缮工作一切顺利。央视新址的建造经历了重重波折，无形中验证了中国的一句老话："好事多磨"。

2011 年 9 月

18

文物一定要留在中国吗？

近来频频有消息称，中国富豪一掷千金购买法国古堡。每与友人谈及此，他们都惊叹于法国文物市场的开放，政府竟能容忍外国人拥有其历史建筑。我倒认为，这个问题不在于法国有多开放，而是中国的文物市场究竟有多闭塞。

去年9月，世界著名拍卖行佳士得在上海举行了在中国的首场拍卖，但只能从事除文物之外的一般艺术品拍卖。原本盛传上海自贸区将取消外资不能涉足文物拍卖的限制，但这最终只是外资拍卖行的“南柯一梦”。

中国对文物出境实行许可和申报制度。2001年与

2013 年，国家文物局分别出台限令，禁止 1949 年后已故著名书画家的作品出境，或原则上不准出境，或代表作不准出境。更令人惊诧的是，《文物保护法》还玩了一把“文物限购”：国家禁止出境的文物，不得转让、出租、质押给外国人。

其实，2007 年之前，中国对文物出口的管制要宽松得多：乾隆六十年（1795 年）之后的文物由文物出境鉴定机构审核，以文物的重要性、存世数量等为判定条件，一部分可以出境。但据说，由于 20 世纪七八十年代这一时间段的文物每年流出上百万件，为保护文物和保存民族文化遗产，国家文物局将“一律禁止出口”的时间点一下子从 1795 年推后至 1911 年。但在我看来，这种考虑是有点讲不通的。

文物为什么一定要留在国内才能保护，难道在国外就会被糟蹋了？这里并不是想为掠夺性殖民主义辩护，但试想一下，如果当时敦煌莫高窟的遗书仍留在王圆箓手中，现在留给敦煌学者们的还会有什么？

至于保存重大民族文化遗产，这在一定程度上是合理诉求，把对原属国存在重大意义和价值的文物留在国内是无可厚非的，毕竟这些重要文物与民族历史、文化及身份认同紧密相关，甚至可能会涉及民族尊严或情感。但是,如果不加区分,仅以年代为依据,将民国前的东西不由分说一禁了之,就未免过于狭隘和片面了。出于文化交流的目的,适当将一些无损于国民的普通文物放出国门也未尝不可,毕竟这也不失为弘扬和输出中华文化的一种有效途径。而且,国际开放的文物市场最能体现文物的价值和艺术家的市场价值。试想,如果毕加索的作品只能卖给西班牙人,莫奈的作品只能卖给法国人,他们的作品无论如何也卖不出好价钱。

事实上,大多数历史悠久的文明古国,如英国和法国,为文物出境"设卡"往往是为了将国家重要文物或国宝级文物留在国内,而非一概禁止文物的对外流通。

在英国,如果申请出口许可的文物与英国的历史存在紧密联系,或者有很高的美学价值,或对某一领域的学术研究意义重大,就会被认为是国家重要文物,政府会颁令暂缓该文物出境。在一定期限内,英国国内博物馆、公益基金甚至私人都有权以相对公允的市场价格购买该文物,如果超过时限国内尚无人购买,那么该文物基本上就可以出境了。

像法国这样的艺术大国,亦是如此。一般只有国宝级别的文物才会被限制出境,且这种禁令政府每年最多颁发十多个。禁令颁发后,政府可以在 30 个月内寻找资金,并参照国际市场价格进行收购。此时所有权人不能拒绝政府收购。但如果期限届满,政府仍未能按时出价购买,那么也只能任由国宝级文物离开法国。其实,十多年之前,法国对其国宝级文物也曾一律禁止出境。但与中国不同的是,对于那些不予出境的文物,所有权人因为这种禁止而遭受的损失,比如国内和国外的差价,法国政府会给予一定的补偿。法国在 20 世纪 90 年代有一个案子,我至今印象深刻。一位先生想要将梵高画作"Garden in Auvers"卖往国外,但政府以该画是国宝为由禁止离境。此画以 950 万美元的价格在巴黎售出,不到国际市场价格的六分之一。为此,这位先生一怒之下将法国政府告上法院,巴黎一审法院判令政府赔偿 8500 万美元,最终最高法院将金额降为 2900 万美元。后来法国政府发现这种方式实在是有点不太划算,于是修改了法律,转由政府直接购买。

英法在对文物出口进行管制时,不只以保护、保存民族文化遗产为出发点,还考量和平衡了其他各方利益,如所有权人的支配权以及本国艺术市场的国际竞争力等。归根结底,就是公权力与私权利的边界问题。公权力只有在迫不得已的时候,为了必要的社会秩序和公共利益,才能对私权利尤其是私人财产权进行干涉,范围和程度也必须受到限制,而且应当遵守程序正当原则,对于私权利所作的牺牲,还应当给予合理的救济。在中国文物出口领域,目前看来公权力对私权利有着压倒性优势,在制度理念上需要调整。

(载于财新网博客 2014 年 1 月 27 日)

毕竟法律人

1

可乐的事件

朋友今天下午1点51分刚刚发来一个新华网的链接,说商务部新闻发言人3月16日提到,商务部对可口可乐并购汇源的反垄断调查正在进行第二阶段的审查,第二阶段审查的截止日期为3月20日。还没来得及仔细推敲新闻发言人的发言,几乎在同时,两位媒体的朋友又发来了路透社的Dépêche,今天下午2点26分商务部新闻办公室已正式发布消息,商务部已根据《反垄断法》第28条作出了禁止这一项金额达24亿美元的集中的决定。真是网络和信息时代,它不给你任何时间去消化。回头再看汇源的股价,早已经急挫得够可以了。

这样，商务部在实施《反垄断法》的过程中已经有了无条件批准（占绝大多数）、附加限制性条件的批准和禁止批准这三类决定。

商务部及其他与反垄断相关部委实施《反垄断法》的各项具体规定，还处在征求意见的阶段，这些行政和部门规章的科学性、可操作性和透明度都还有一个不断改良和改善的过程。中国的《反垄断法》实践是在战斗中摸索。读完商务部新闻办公室的新闻稿，发现商务部认为集中完成后，可口可乐可能利用其在碳酸软饮料市场的支配地位，搭售、捆绑销售果汁饮料，还可能有其他限制竞争的情势发生。也发现商务部与可口可乐曾就附加限制条件（据说是涉及汇源商标使用等方面）进行了商谈，且可口可乐提出了修改方案，但该方案不为商务部所接受。不知可口可乐的方案是怎样提出的，是在目前全球金融危机的情势下故意提出不能为商务部所接受的条件呢，还是商务部我意已决，提什么都没有用了?! 不过，现在既然已作出决定，除非通过行政复议以及随后的司法救济，否则这一结局很难再改变。

我读《反垄断法》发现众多的有意思的规定，一是对商务部作出的禁止经营者集中的规定要先申请行政复议，只有对行政复议不服之时，才可以提起行政诉讼。

不知可口可乐会不会就这一项禁止集中的规定,提起行政复议及在得不到满意答复之后提起行政诉讼。如果可口可乐最终提起行政诉讼,那对关注中国《反垄断法》的行政和司法实践的内行和外行来说,可乐兼并汇源的案子就会变成“可乐的事件”了。

(载于财新网博客 2009 年 3 月 18 日)

2

“绿坝”和“红线”

工业和信息化部在兴致勃勃地发布《关于计算机预装绿色上网过滤软件的通知》时，大概没有想到这一善意的举措会引起中国乃至世界的批评之声。

过滤网上的不良信息以方便父母对子女上网情况的了解，行政机关事实上在行使“父母官”的职能，可惜这一善意的举措忽略了众多法律上的“红线”。

首先，对于什么是不良信息？它的确定标准是什么？由谁来定？该规定并没有给出答案。除淫秽、暴力、猥亵等被大众公认的不良信息以外，其他的界定标准现在还不得而知。那么，这一“绿坝—花季护航”所要屏蔽的信息判断标准的透明度、定期或不定期的删除和添加，是否都应该由这一软件的工程师们来决定？该软件对公民隐私和自由的潜在的侵犯，大家似乎有理由去担心。

其次，现在看不出绿坝软件的两家开发公司是如何被工业和信息化部所选中的，网民们似乎有权质疑该部是否进行了政府采购所应当采取的招投标的程序，从而使纳税人的钱用得合理、合情、合法。

再次，该通知似乎有悖于中国的《反垄断法》的规定。《反垄断法》第 32 条规定似乎禁止工信部“限定或者变相限定单位或者个人经营、购买、使用其指定的经营者提供的商品”。有北京的律师已要求工信部对此进行听证，也有学者致函国务院反垄断委员会，认为工信部的做法是滥用权力。

最后，从我阅读网上关于绿坝软件的相关技术分析来看，它也不能起到真正过滤不良信息的功能，甚至把一些有 Kitty 猫的网站也判断为不良网站，频闹笑话，漏洞不是百出，而是万出。更何况，道高一尺，魔高一丈，不良信息无所不用其极，暴利之下他们肯定会开发出穿透绿坝的方法。相反，绿坝存在众多安全漏洞，使其容易被黑客所攻击。因此工信部精心筑起的堤坝可能会成为“豆腐渣”工程。

我十岁的孩子每天都要在网上做学校布置的各种作业,我也每天提心吊胆,怕她受到网络上的不良信息侵害,因此,很能理解工信部的一番苦心。但是,在保护青少年的网络安全和行政机关的有效干预之间找出平衡,不是工信部的一纸通知可以达到的。而行政机关在行其政之时,要防止超过法律已明文设定的“红线”。多年前已提出的科学立法、民主立法等行之有效的做法,不知为什么总是被遗忘。

(载于财新网博客 2009 年 6 月 16 日)

3

平等就好

中国对外资正式放开的标志是1979年7月1日《中华人民共和国中外合资经营企业法》的公布和生效。这是新中国第一次对外商投资立法。三十年之后,外商在华投资面临着新的法律和社会环境挑战。

中国已从过去对外商投资的普遍渴望中解脱出来。过去各地为外商竞相推出优惠的税收政策、土地政策、用工政策,置中央的税收统一法律于不顾。这些场景现在已十分少见。

过去三十年对外商投资的超国民待遇,在中国入世后逐步取消,并在2008年1月随着两税合一而"寿终正寝”。众多原来享有所得税率15%的外商投资企业，从2009年1月开始，按照20%的税率（到2012年则按25%的税率）计征企业所得税。

中国经济环境也已发生很大变化，廉价劳动力正由于工资成本、社会福利成本的增大而逐步失去竞争优势，逐渐被东南亚国家（越南、印尼等）所取代。

在市场准入方面，中国调整了高新技术企业的认证标准。在改变过去有些外资企业利用“高新技术”的税收优惠浑水摸鱼的情况的同时，过于烦琐的认证制度也会使有些外国企业选择其他税收优惠的发展中国家。

目前最为外商企业们关注的，是中国在竞争政策方面推行的新法带来的影响。2008年8月开始实施的《反垄断法》在2009年开始了第一轮冲击波。尽管《反垄断法》的立法目标在于“保护市场公平竞争”，但是，正如众多外国企业所担心的那样，外国企业成为（至少到目前为止）中国经营者集中审查制度中唯一受到禁止集中（如可口可乐收购汇源果汁）或附条件允许集中限制的所有制形式。

国内媒体上人人关心的中国东方航空公司吸收合并上航、新浪并购分众、中国钢铁业的洗牌、中国电信收购联通CDMA业务等，不知是没有报商务部审批，还是商务部对他们这样“做大做强”网开一面？这也使人们对中国《反垄断法》的公平性和权威性产生怀疑，对《反垄断法》是保护市场的公平竞争，还是直接进行国内产业政策保护产生疑问。

外资企业若有市场垄断协议的安排，则对中国企业自主创新的设限，应当引起中国政府的关注，并公平地运用中国法律的武器予以纠正。同时，也不应该允许中国企业（特别是大型国有企业）的行为与“开放、竞争、有序的市场体系”相悖。

目前，《反垄断法》项下的“三驾马车”，只有商务部在2009年全马力出动，而国家工商管理局对垄断协议及滥用市场支配地位的管理以及国家发改委对价格垄断的管理，尚处加油待发之际，这两家政府机关将会在2010年展现其执法风范。

除去中国在入世时所做的某些保留，中国对外国投资实行国民待遇，这不仅应当体现在税赋、劳工等方面，而且应当包括外资对国家投资刺激经济方案实施过程的参与。2009年中国政府为应对全球金融危机而推出的经济刺激措施，由于外商从部委及地方政府获取相应的政策时的天然劣势及政府信息披露的不充分，他们的参与事实上受到巨大的限制，这也使外商多有怨言。

从改革开放以来中国就实行的外商投资预先审批制度,应当尽快逐步过渡为外商投资备案制度以及事后审查制度。中国企业已从过去对外部世界及外国企业知之甚少、时常上当受骗变得对外国同行十分了解,对自己在合同谈判中的地位和取舍有更理性的判断,审批机关作为父母官对国企在过去三十年的保护花费了众多的行政资源,商务部以及地方外商投资的审批部门为维护中方利益,以及帮助中国企业以审批作为谈判筹码的做法,应当已完成其历史使命。建立备案制度或事后审查制度,也能使中国在利用外资程序方面实现国民待遇。当然,对于若干涉及国家安全的外资项目,可以通过国家安全审查制度继续进行事前审批。

事实上,2010 年 3 月将要施行的《外国企业或者个人在中国境内设立合伙企业管理办法》,就仅仅以在工商行政管理局的登记作为设立的必备条件,而不需要经商务部批准。

中国“不缺钱”,但仍然缺少管理和营销经验(特别是在国际舞台上的管理经验),缺少独立自主的知识产权和创新能力。在这方面,外商投资还远远没有完成它们在中国的使命,利用外资还需要继续贯彻连续性和稳定性的原则,使外商对其在中国的投资能够有中长期的合理预期，吸引他们真正把研发中心、地区总部、生产和经营基地安家到中国。

外商投资的法律环境离不开中国总体的法律环境，在未来的几年中，中国的政府信息公开制度的建立、相应的司法救济措施的实行、司法和仲裁的独立原则的适用，以及法官队伍的廉洁和高效运行、中国对知识产权的保护制度、对司法判决和仲裁裁决的执行力度等，都制约着外商投资及其投资力度。

中国上述对外商投资保护制度的建立和有效运转，也由于中国企业本身越来越多地在海外收购兼并而变得更加迫切。由于中国海外商业和投资利益的不断增加，中国需要重新签订新一轮的双边保护投资协定。中国与美国的双边保护投资协定在 2010 年应能够签署。根据国际关系中的对等原则，中国应该给予外国投资者更多的程序性和实体性保护，正如中国政府希望外国政府给予中国企业在投资国的保护一样。

（载于财新《中国改革》2010 年第 1、2 期，
2010 年 1 月 15 日版）

4

重庆房产税合法吗?

一年多前开始写博客,其间又因为《财经》的大换血搬了一次家,我本来只想就日常经济生活说点闲话,而不愿意就枯燥的法律问题去写什么评论。

今天看到各网站都在讨论,说是重庆会在第一季度确定开征高档商品房房产税,大量讨论都在说这种税种到底应该定多高为宜,以及对抑制房地产价格持续上扬有多大作用。而我这个学法律出身的人则禁不住首先要问:重庆开征房产税违宪吗? 违反中国的法治原则吗? 想一想,觉得还真有那么一点嫌疑。

增加新税的法定权力在全国人民代表大会,它也可以授权国务院开征新税。国务院在 1986 年颁布了《中华人民共和国房产税暂行条例》。在该条例中,个人所有非营业用的房产属于免纳房产税的范围。该条例并没有区分是高档、中档还是低档商品房,只要房主不是为“营业用的房产”,房产税是征不得的。

媒体报道说:“财政部已原则同意重庆开征商品房房产税,具体实施方案将由重庆制定,报财政部备案。”窃以为这十分不妥。财政部可能没有资格授权吧?因为它本身也没有权力修改国务院的条例啊?

中国房地产价格泡沫巨大,在北京、上海等大城市,人们现在为房产所付的钱等于是用买奔驰的钱买了一辆夏利。从近一年的市场走势来看,总理说的不算,这是总经理说了算。尽管如此,哪怕地方政府为中央政府分忧解难的心情多么迫切,法治精神是践踏不得的。

(载于财新网博客 2011 年 1 月 12 日)

5

河南的一锅粥

——从诈骗 368 万元高速公路通行费案说开去

在上大学期间，我每每坐火车回老家，在郑州下火车转汽车，对郑州印象最深的，要数那里的“马糊汤”。它是用说不清的各种菜类、蛋花等做成的粥状的东西。不知是否从“马马虎虎”借用过来。看到近日媒体上有关平顶山中院时建锋诈骗高速通行费一案的报道，我禁不住想起我喝过的“马糊汤”，也禁不住要对司法的公信力说上几句话。

2010 年 12 月 21 日，河南省平顶山市中级人民法院以诈骗罪判处时建锋无期徒刑，指其从2008年5月起，非法购买伪造的武警士兵证、驾驶证、行驶证，并购买两副假军用车牌照。判决一经媒体曝光，热议四起。该案可以说是中国现代社会的一个缩影。若此事能使人们心悦诚服，则中国法治就有戏了。

两副军车牌照到底是真是假？一方出示了和武警方面签署的军车牌照使用合同。若合同是真的，则故事会更为有趣。河南武警总队已出证明说两辆货车为假冒武警车辆。当然，一方的否认并不足以证明合同不存在。军车真的需要免费放行吗？军队不是有预算吗？

媒体报道了平顶山中级法院有关法官被撤职、停职之事，但少有人问到检察机关在该案中有什么责任。公检法不是相互监督吗？检察机关提起公诉必须做到事实清楚、证据确实和充分。否则就不应该向法院提起公诉。现在突然说证据不充分了，当初的审查怎么做的呢？

媒体也稍微提到高速收费站可能有“内鬼”，所以200%的超载几乎也成为没有人过问的事。对这种行贿行为，到底怎样才能铲除？

平顶山中级法院的法官及助理法官说是按照“高院党组”的指示，以及“请示市政府”，被撤职或追究责任。

这不知道依据的是什么法律。至少《中华人民共和国法官法》没有给予“高院党组”和“市政府”任何任免法官的权力。我感到这一错误要比诈骗高速公路通行费严重得多。

这一案件涉及军队和地方的关系，检察机关和法院的关系，上下级法院之间的关系，政府组织和法院的关系，法律的正当秩序，又加上贪污腐败、干部任免等。总之，平顶山这一案件是河南的一锅粥。

（载于财新网博客 2011 年 1 月 20 日）

6

死刑难解

中国从非暴力经济犯罪入手减少死刑，是一个好的开端。

2011年8月22日应该被记在中国法治建设的史册上。云南省高院在判处李昌奎死缓之后，由于舆论等各方面压力再审判处李昌奎死刑。这使我想起“文革”时代在打有红色对钩的判决书上一定会看到的表述——“不杀不足以平民愤”。

现在这样的表述又随处可见了。河南省高院在近日召开的法院刑事审判工作会议上，强调判案要充分考虑社情民意，对不杀不足以平民愤的罪犯要坚决判死刑。

看来,在中国减少死刑运用注定是一个漫长的过程。

记得1982年7月到法国后不久,我的恩师,法国比较法泰斗丹克教授让我去拜会法国司法部长罗伯特·巴丹泰(Robert Badinter),罗伯特曾为法国在1981年废除死刑立下汗马功劳。可惜我法文太差,未敢前去。当时我在想,废除死刑,那岂不是要天下大乱吗?我从此开始关注死刑存废问题,发现废除死刑国家的恶性案件并不比保留死刑国家的多,甚至正好相反。

中国传统上就是一个重刑(法)轻民(法)的国度,死刑这一极致的惩罚方式,在各个文明时期都得到了尽情的发挥。而中国的五马分尸、凌迟等死刑方式,更是增加了对看客的娱乐性。它既满足了人性中"以血还血"的基因,也实现着法治者以刑去刑的震慑作用。

中国刑法在今年修订之后,力图减少死刑的执行数量。这一大胆的改革,由于药家鑫案和李昌奎案而变得令人困惑。两案都有自首情节,按照刑法"可以从轻或者减轻处罚"。从字面意思猜测立法者的本意,似指法院可以在"从轻"或"减轻"处罚中择一。但是,由于受害人家属以及舆论的压力,法院都在承认罪犯"虽有自首情节,但不足以对其从轻处罚",而根本不提还有"减轻"处罚的选择。

“杀人偿命”,“不杀不足以告慰死者”,似乎是受害者家属无论如何也要坚持的原则。任何让罪犯逃脱死罪的言论都是难以占领道德制高点的。法院在现代网络的严控之下,对罪犯的惩罚严不为过,宽则受到批评和谴责。所以它们宁愿去再审也不愿冒被网民唾沫淹死的风险。同一个审判委员会在没有新的事实和证据的情况下,能自由心证出两种惩罚来。如此,司法的公信力自然受到质疑。

药家鑫之父在其子被执行死刑后后悔匆忙带儿子自首,他或许以为自首即使得不到“减轻”处罚,至少也可得“从轻”处罚,保住儿子的性命。但是原始复仇的心态使太多的人不能自拔。

法国从 1791 年开始就讨论废除死刑,但是直到 1981 年才立法废除了死刑,其间经过了 190 年的争吵,是西欧最晚废除死刑的国家。中国在 1791 年还在变着法儿地玩死刑的游戏。到了 1997 年,还有人因杀害熊猫而获死刑。到今年 5 月,刑法修正案一次性撤销了 13 种非暴力经济性犯罪的死刑。但是,中国仍是死刑罪名最多的国家(尚存 55 个罪名)。即便如此,不少人质疑减少经济类犯罪死刑、改判死缓实际是为贪官留活路。是啊,最该杀的难道不是贪官吗?

中国没有关于每年被执行死刑的人数的统计,因而有大赦国际等组织来推算中国死刑人数。我倒以为完全不应该保密,既然我要剥夺你的生命,且取之有理,给社会一个数字难道还要不好意思吗?

中国从非暴力经济犯罪入手减少死刑,是一个好的开端。暴力犯罪有太多的血腥,需要拿罪犯的生命偿还"血债",这一传统思维深深地铭刻在我们这个民族的集体记忆中,对此类犯罪的喊杀之声很难平息。减少此类犯罪的死刑还需要一代人甚至几代人的努力。

(载于财新《新世纪》周刊2011年第34期,
2011年8月29日版)

7

减少投资审批代价

增加企业收购成本,减少企业交易机会的事前审批制度亟待修正。

三一重工收购德国“大象”正在被热烈讨论。许多媒体都提到,“路条”问题给交易带来了不确定性;有论者还因为三一重工未拿到国家发改委开出的“路条”,而质疑这起收购的合法性。

“路条”是对中国现行的海外投资并购事前审批制度的俗称。这一制度有其合理性,但毕竟是针对中国企业“走出去”初期的制度安排。这几年中国企业国际化程度迅速提高,海外投资并购事前审批弊端也越来越多地暴露出来。

相比三一重工的案例,中国国家开发银行收购苏格兰皇家银行飞机租赁业务失败的案例,更能说明海外投资审批制度的问题。其实,这两宗交易发生在同一天——1月31日,只是一方宣布交易成功,一方宣布交易失败。或许关注成功忽略失败是人之常情,国开行的收购关注度要小得多。

国开行出价比另一买家三井住友金融集团高出大约3%,即2.4亿美元。但苏格兰皇家银行由于担心国开行无法就该交易取得中国监管部门的批准,最终选择了把飞机租赁业务卖给三井住友。这表明苏格兰皇家银行认为,由于中国存在海外投资审批制度,中国企业需要支付的溢价应当高于3%。

我不认为国开行的此次收购失败是一个特例,它不过是一个使我们可以清楚地看到中国海外投资审批制度经济代价的最新案例。

比国开行案例更新的是,中国国家电网以3.87亿欧元收购葡萄牙国家电网(REN)25%股份的案例,该交易于2月2日公布。同一天,阿曼国家石油公司(SAOC)以2.05亿欧元收购了REN15%的股份。这就是说,同样的股份,REN卖给中国国家电网的价格,要比卖给阿曼石油的贵 13.24%。如果按阿曼石油所付的价格计算,中国国家电网多付了 4530 万欧元。这其中,是否也有中国企业因需要中国政府审批而支付的溢价?

我曾参与处理的若干海外收购案中,有些案子需要收购方专门成立“跑审批”的工作小组,穿梭于商务部、外汇管理局、发改委和国资委之间,而为数不少的收购时机,就在这种穿梭之中遗憾地错过了。收购方或者因此支付了更高的价格,或者因此放弃了交易。

对企业而言,政府审批的机会成本很高,因此有企业问:中国的海外投资和并购法规能否进行若干修订,既照顾到中央政府的投资审查权,又不从时间或程序上妨碍交易正常进行,防止卖方由于中国买家面临审批风险而索要溢价,或者因此而不愿与中国企业作交易。

几年前,我曾提出,考虑到中国目前的发展水平,完全可以简化或取消外商在华投资的事前审批制度,用事后审查制度替代。因为外商在华投资是资金、人员或技术进入中国,如果违反中国的法规,很容易被事后追责,不必急于进行事前的准入审查。而对于中国企业在海外的兼并收购,如果确需保留审批制度,我认为可以通过批准前置、批准豁免以及事后审查的形式来完成。

给予国有大型公司一揽子的前置批准应当是可行的。由于这些公司的法人治理制度不断改善,加上中介机构(投行、会计师和律师等)越来越深地介入海外投资和并购交易,交易的专业性是可以指望市场力量来保障的,政府对个案的审批并不会提高这类交易的安全系数。

与其维持成本明显收益微弱的事前审批,不如对这类公司给予一揽子的前置批准,一次性核准其投资并购的范围,只要它们收购的目标公司在已审核的范围之内,就无须再进行审查或批准。

对已有国外成功收购实践的公司以及上市公司,应当选择适用批准豁免制度。政府可以制定行政规章,提出可以享受批准豁免的条件和标准,或者列出豁免公司的清单并逐步扩大豁免范围。中国已建立中央企业境外投资的责任追究制度,从内部控制和外部监管两个方面,对个人代持股权、离岸公司监管等各方面进行了规范,这也为建立批准豁免制度创造了良好的条件。

当然,最经济的办法是事后对并购项目进行抽查式的审查。如在审查中发现严重错误或过失,则追究企业相关领导者的责任,惩罚相关中介机构。

中国的国有大型公司和主流私营企业已成为国际

并购市场的重要角色,中国企业参与的并购案每年都在以两位数的速度增长。如果不尽快理顺内部的制度安排,中国企业增加的收购成本就会越来越高、错过收购时机的次数和丧失的收购机会就会越来越多。

(载于《财经》杂志 2012 年第 4 期)

8

维 C 反垄断败诉启示

近日，美国纽约东区联邦法院陪审团作出裁决，认定华北制药及其下属公司违反美国反垄断法，对操控维生素 C 产品价格应承担法律责任，并判处损害赔偿金约 10 亿元人民币。面对这一相当于华北制药 2011 年净利润 8 倍的“天价”赔偿金，我不禁痛心中国企业在这场长达八年的中美维生素 C 反垄断较量中的惨败。

引人注目的是，中国商务部在该案中力挺中国维 C 生产商，曾三次以“法庭之友”的身份向美国政府提交书面声明，说明被指控中国企业的行为是根据政府要求实施，试图使被告企业依据“外国主权强制”原则免于法律责任。

商务部提交这一证明很尴尬。为保护维 C 生产商,它需要证明中国医药保健品进出口商会是中国政府代理人,出口企业通过进出口商会受到政府有关价格调控的强制性约束。一旦主张对维 C 价格调控是政府行为,就等于说中国政府违反“入世”承诺,未能做到基本取消对维 C 的出口限制。因此,商务部的书面声明只能模棱两可,而看重证据的美国法院根本不买账。这些声明最终成了商务部心有余而力不足的隔靴搔痒。但愿这不会为未来西方政府和企业指控中国非市场经济及政府干预经济等留下口实,并因此开启下一轮的反垄断调查。

此判决是中国为经济改革转型不成熟交出的又一笔学费。1997 年,根据商务部和药监局通知,医药保健品进出口商会下属的维 C 分会负责确定维 C 出口协调价格,维 C 出口企业如果拒绝执行,可能被取消出口经营权。但在 2002 年“入世”背景下,商务部根据“入世”承诺废止了 1997 年的通知,取消对维 C 的出口限制。自此,医药保健品进出口商会和维 C 分会通过修改章程转型为“自律性”社会团体,维 C 出口企业不再被要求具有维 C 分会会员资格。

然而,在废止1997年的通知后,商务部建立了针对包括维C在内的36种特定商品的出口预核签章制度,要求出口企业申请出口报关前将合同送达相关商会加盖预核签章。进出口商会还肩负着行业整顿,防止恶意低价竞争的使命。这样一来,进出口商会仍保留了对维C出口价格的影响力。很明显,中国政府这个负责任的大家长,舍不得将心爱的孩子放到国际市场自由竞争中接受洗礼。

鼓励企业逐鹿国际市场,却又希望在游戏规则之外给本国企业多罩一层保护伞,自然会遭到国际规则的制裁。其实,早在20世纪90年代,美国反垄断法就开始紧盯国际卡特尔。针对维生素产业,1999年美国司法部就向多家欧洲公司提出指控。最后,包括瑞士罗氏公司(F. Hoffman-La Roche)、德国巴斯夫公司(BASF)在内的数家维生素巨头,同意支付逾15亿美元罚金和解。中国企业本应从中汲取教训,但行业协会的干预以及我们的某种“侥幸心理”,导致中国企业还是补交了学费和高昂的利息。

随着国力日渐强盛,中国也将逐渐参与到国际游戏规则的制定过程中。但现阶段中国不得不首先遵守西方国家一早立下的规矩以及各国的反垄断法规定。如果不敢放手让本国企业在规则中竞争和锻炼,结果很可能是因违反规则而被迫出局。其实,维 C 并非稀土之类的国家战略性资源,对其出口及价格进行限制,既无合理依据,也没有必要性,反而会使得中国在“入世”承诺面前进退维谷。

值得庆幸的是,自 2005 年以来中国维 C 和镁砂企业在美国屡遭反垄断起诉后,商务部于 2008 年废止了备受诟病的出口预核签章制度。但这一制度曾在多个行业广泛实施,在维 C 一役惨败后,会不会有更多的美国债主跑来讨债?

维 C 案的不利裁定作出后,商务部发言人立即提出美国法院的判罚“完全不合适”,表示支持中国企业维权,希望美国法院尊重中国政府的主权 ,充分考虑中国经济改革转型期的特殊性。华北制药也表示收到判决后将上诉。

中国企业和商务部的回应值得鼓励,但幻想美国陪审团放弃本国市场利益,容许中国改革之特殊性,会不会是异想天开?此时不如亡羊补牢,完善中国经济体制改革,尽快实现国家机构改革和职能转变,为中国企业走出去铺好路。这一届新政府提出“要把错装在政府身上的手换成市场的手”,这是符合中国发展需要的正确方向,也是世界经济全球化对中国政府和行业协会的要求。痛定思痛,只有中国政府坚持市场化改革方向,中国企业才能在“市场化”新政府的扶持下,在国际化过程中理解国际商事的游戏规则和各国及跨国的法律制度,少交学费。

(载于财新《新世纪》周刊2013年第11期,
2013年3月25日版)

9 中国并购未来展望

泰国正大集团收购平安保险事件尚未落下帷幕，中海油已传来成功收购尼克森的喜讯，不论是外资并购中国企业，还是中国企业走向世界，皆是话题不断。过去一年，国内并购市场与中国企业海外并购可谓冰火两重天：国内并购不甚理想，而境外并购却一派欣欣向荣之象。但无论境内抑或境外，在 2013 年及今后几年，中国并购市场都会有一些新的变化。

境内并购的发展趋势

1. 目标行业多元化发展，金融行业成为新宠。自2002年加入WTO以来，中国履行其承诺逐步开放中国金融市场。近年来，中国金融领域的开放力度呈加强趋势，例如国家发改委2011年修订的《外商投资产业指导目录》，将外商投资金融租赁公司从“限制类”调整为“鼓励类”。中国广阔的市场前景、快速的经济发展以及开放的政策，无一不刺激、吸引外资进入中国金融领域。

据统计，2012年外资并购中国境内金融服务业资产规模达到159亿美元，较2011年增长50.8%，创历史最高纪录。其中，排名前三的交易项目的收购方均来自东南亚国家：泰国正大集团以93.8亿美元收购中国平安15.57%的股权、新加坡淡马锡集团以23.8亿美元收购工商银行1.02%的股权，以及新加坡政府投资公司增持中国太平洋保险的股权。由此可见，金融行业将成为未来外资并购的新宠，而东南亚势力在中国未来金融领域的地位尤其不容小觑。

2. 换股并购在实践中或将成为可能。2006年颁布的并购规定中，换股并购是最吸引外界注意的亮点之一,并被寄予厚望。但是自 2006 年以来,中国并无跨境换股的成功案例,使换股并购这一国际最流行的并购方式在中国处于尴尬地位。其主要原因在于,国内关于股权出资、换股并购的相关配套规定不完善。但 2009 年的《股权出资登记管理办法》、2010 年的《境外投资者以其合法持有的在境内设立的有限责任公司或者股份有限公司的股权出资审核操作规程》及 2012 年的《关于涉及外商投资企业股权出资的暂行规定》,让迷失的换股并购有了崛起的希望。这些规定中,虽然并没有直接涉及境外投资者以其境外股权直接换股并购中国境内企业的相关规定,却在股权出资等方面迈出了坚实的步伐,为换股并购规定的进一步完善及其在实践中的破冰奠定了坚实的基础。

3. 私募股权基金将继续推动中国并购市场的发展。私募股权基金一直以来都是众多中小企业融资的重要渠道之一。在扶持中小企业发展的同时,基金投资者通过自己的专业素养和职业经验,为中国民企带来先进的经营理念、完善的公司治理结构。为此,政府不仅认可私募股权基金的地位与作用,亦提供了相关政策支持。新推出的 QFLP 制度,虽然目前尚存不完善之处,但无疑已是中国政府试图解决外资 PE 结汇难、审批烦琐的进步之举。因此,虽然2012年中国私募股权投资市场不甚景气,但未来仍存在上升空间,并将进一步推动中国并购市场。

此外,外资PE将继续利用VIE结构投资境内限制及禁止性行业。2012年7月17日,新东方因调整其VIE结构遭到美国证监会调查,引发许多关于VIE结构将被取缔的猜测。但同年10月新东方表示,美国证监会对其使用的VIE结构并无任何异议,这无疑给PE投资者以及希望通过PE融资的民企们打了一剂强心针。根据美国德杰律师事务所的一项内部问卷调查,50%以上的PE投资者表示将继续通过VIE投资境内实体产业。

4. 国家对外资并购的安全审查将更加透明化、规范化。此前,2006年颁布的《外国投资者并购境内企业暂行规定》要求,外国投资者并购境内企业并取得实际控制权,涉及重点行业、存在影响或可能影响国家经济安全因素的,当事人应就此向中国商务部进行申报。2007年的《反垄断法》亦明确规定,对涉及国家安全的外资并购境内企业或者以其他方式参与经营者集中,应当按照有关规定进行国家安全审查。但上述规定均属原则性规定,实践中缺乏可操作性。直至2011年,国务院办公厅与商务部相继出台了《关于建立外国投资者并购境内企业安全审查制度的通知》和《商务部实施外国投资者并购境内企业安全审查制度有关事项的暂行规定》(以下称"两规定"),为国家安全审查制度提供了具体操作性规范。而对于"两规定"范围之外的外资并购,无须进行安全审查。"两规定"的出台,一方面为保障国家经济安全提供了最后一道屏障,另一方面亦防止了监管部门滥用职权肆意阻挠外资并购境内企业。因此,从一定程度上来讲,"两规定"也为外资并购提供了安全保障。

海外并购的发展趋势

1. 中国海外并购将更加迅猛、"势不可挡"。来自中国官方的统计显示,2012 年,中国对外投资额高达 652 亿美元,再创历史新高,且在未来的几年内,中国对外投资的势头将依然保持强劲。

目前,欧洲经济萎靡、复苏缓慢,导致欧盟区各国政府将国家资产私有化当成了紧缩开支的手段,纷纷将本国国有企业资产出售给了现金充沛的中国企业。其中最典型的例子莫过于 2011 年底,长江三峡集团以 35 亿美元收购了葡萄牙电力公司 21%的股权。此外,中国企业海外并购的目标产业范围正在逐步扩大,从传统的能源行业逐步扩展到消费品等行业,例如光明集团于2012年收购了英国专营麦片的维他麦公司60%的股份。鉴于中国公司对更多市场、资源和先进技术的渴望,加上西方国家对资金的需求,中国的海外并购将呈现跃进态势。

2. 更加注重前期尽职调查。自20世纪90年代初"走出去"开始,中国企业近十年来海外收购的失败率高达60%,其间所缴纳的"学费"价格不菲。这一窘境和中国企业收购前期调查不足有着很大关系。2010年,光明集团退出英国联合饼干的收购之战,既是因为前期未对当地法律和政策进行充分调查,又缘于直至与联合饼干接触之后,才发现英国的养老金制度是其"无法承受之重"。

事实上,尽职调查不充分,一直以来都是各国企业海外并购中普遍存在的问题。今年1月,全球最大的建筑和矿业设备生产商美国卡特彼勒(Caterpillar)公司就因前期调研不到位而在中国遭遇了滑铁卢:其于2012年6月刚刚收购的中方企业存在"多年、蓄意及传统的会计不当行为",导致其公司第四财季非现金商誉减记5.8亿美元。因此,对于中国企业,在吸取众多经验教训后,势必将在未来收购中加强前期工作调查。

3. 后期整合不容忽视。即使赢得一纸收购合同,企业离真正意义上的成功还相去甚远:“走出去”只是起步,真正的成功取决于企业是否能够“走进当地”。部分中国企业在收购后存在轻视管理层过渡、不遵守当地法律政策和不尊重对方企业文化的弊病,时常导致纠纷的产生。

最近一个典型例子是,科蓝煤矿由于安全管理和环境状况未达到赞比亚当地法律要求而被吊销开采执照。这一事件再次暴露出中国企业对员工人身安全、当地法律的忽视。公司在开展海外并购时,应组建一支国际专业服务团队,并培养国际经营管理人才,以帮助公司疏通政府关系和公共关系,有效地与交易各方适时沟通,保证并购后的整合得以顺利实施。

相信通过借鉴之前的经验教训,将有更多的中国企业了解到:一项成功的海外并购,企业购买力绝不是并购中最重要的因素,并购后的有效整合至关重要。

4. 灵活运用并购方式。中国企业在未来海外并购之路上,必将扩展并购方式,以灵活战略巧避政府监管风险,弱化目标企业以及当地居民、媒体等对中国企业并购之举的敌意,从而提高海外并购以及后期整合的成功率。杭州中瑞思创在收购瑞士 The Big Space Ltd(下称 TBSL)的资产的过程中,为避免触犯瑞士反垄断法,并没有直接收购 TBSL 的资产,而是采取迂回战术,先在香港设立全资子公司思创(香港),而后思创(香港)与 TBSL 共同出资设立了 Swissco 公司,最后由 Swissco 公司收购 TBSL 公司的资产,巧妙规避了潜在的反垄断风险。

5. 民营企业走出国门。自 1984 年中银集团和华润集团联合收购香港康力投资公司开创中国企业海外并购先河以来,这类并购主要由国企主导。而民营企业由于资金、规模等综合实力的限制,难以在海外并购中有所作为。但近年来,从吉利收购沃尔沃,到海尔收购三洋电机,再到万达收购美国院线 AMC,无不昭示着民营企业走出国门已成热潮。

据报道,2012 年前九个月,民企参与的海外并购数量占到总量的 62.2%,首次赶超国企。这股热潮将会持续下去,个中原因如下:首先,民企与国企不同,政治风险系数小,各国监管机构对其态度较为包容;其次,许多民营企业家认为国内某些产业的市场已趋于饱和,因此急需开拓海外市场;最后,民间借贷阳光化的倡议一旦得以推行(如温州金融改革综合试点),将为民企海外并购提供更多融资渠道,相信因此会有更多民企乐于"出海”开拓市场。

国际收购兼并是高风险的企业行为，中国企业要多做前期功课，充分了解收购目标国的法律、政治、文化等对中国企业的约束，这样才能“少缴学费”，使中国企业真正在国外站稳脚跟，实现中国企业的国际化。

（载于财新网博客 2013 年 3 月 22 日）

10

如何面对美国国家安全审查

前不久,美国哥伦比亚特区联邦地方分区法院法官就中国三一集团诉CFIUS(Committee on Foreign Investment in the United States,美国外国投资委员会)和美国总统一案作出裁决,驳回了三一关于CFIUS与美国总统因公司的中国属性而选择性执法等四项诉求,但受理了其关于"CFIUS与美国总统未经合法程序剥夺公司私有财产、违反宪法规定"的诉求。这是继去年10月美国众议院情报委员会发表对华为和中兴的调查报告后,CFIUS再次被舆论推向风口浪尖。

CFIUS成立于1988年,由美国国务院、财政部、国土安全部等16个政府机构的代表组成,主要职责是审查所有可能威胁美国国家安全的外国投资者并购其境内企业的行为。CFIUS的国家安全审查适用自愿通知制度,由交易方自行决定是否启动审查,CFIUS亦可主动对其认为存在国家安全风险的交易行为进行审查。正式提交审查前,交易方可就交易过程中潜在的问题同CFIUS成员进行私下单独沟通。

通常,CFIUS在启动审查后30天内决定是否批准涉嫌交易。交易一旦通过CFIUS审查,即获得"安全港"资格,美国政府将不得再以危害美国国家安全的理由审查交易。值得注意的是,CFIUS的审查权限可溯及既往,即使交易完成,CFIUS仍有权对该交易主动发起审查。CFIUS一般开展为期45天的调查。如果CFIUS建议总统阻止交易继续进行,总统可在15天内审查调查结果,决定是否延缓或禁止该项交易,或者对已完成的交易进行资产剥离。

在美国现行法律框架下,CFIUS的审查工作应着眼于"真正威胁到国家安全,而不是与其他国家利益有关的事项"。事实上,因美国法律赋予CFIUS和总统过高的权力,致使美国的安全审查制度沾染上浓厚的政治色彩。首先,对于何谓"国家安全",美国现行法律未给予定义;其次,《2007年外资与国家安全法案》的兜底条款授权 CFIUS 和美国总统可援引任何其认为合适的考量因素,判断交易是否威胁美国国家安全;最后,根据上述法案,法院对总统令和 CFIUS 的禁令没有审查权。近年来,国家安全审查大有愈演愈烈之势,但凡有质疑问难之音,均回以"事涉国家机密,无可奉告",确有以维护国家安全之名,行保护本国企业、遏制他国发展之实之疑。此外,CFIUS 对外资的审查尺度亦分三六九等,其中尤以对中国和中东国家的审核严格。对于来自这些国家的收购交易,CFIUS 一般都从严审查,这种制度性歧视给中国企业带来无奈与挫败感。华为三赴美国,均无功而返,究其根本无非是华为创始人是前中国人民解放军军官,被认为与中国政府过从甚密,这种"交好"被 CFIUS 解读为存在"窃取美国机密信息"和"特殊时期发动网络攻击"的国家安全威胁。因而,即使上述收购项目的金额极少,且其中一项仅涉及专利转让,华为仍然被扣上"威胁国家安全"的"帽子",最终不得不退出交易。

去年,奥巴马总统否决了三一集团旗下的罗斯公司在俄勒冈州收购四个风电场的动议。虽然该收购本身不会对国家安全构成威胁,但这四个风电场正好位于美国海军基地附近。为此,美国海军曾要求罗斯公司将其中一个风场迁址,罗斯公司亦给予了配合。即便如此,CFIUS 仍认定罗斯公司的收购行为涉嫌威胁美国国家安全,导致美国总统下令强制剥离其资产。

虽然华为与三一"清白"与否我们不得而知,但 CFIUS 确实对中国企业存在一些制度性歧视和习惯性的怀疑。当然,国会山的议员们认为,这一切都是中国咎由自取——你有投资障碍、贸易壁垒,我则以"国家安全审查"还施彼身,一幕幕大戏由此上演。

面对愈演愈烈的国家安全审查问题,更由于中国和美国政治制度的不同,期盼 CFIUS 摈弃国别之见,显然不太可能。中国企业想要在美国市场进行兼并收购,唯有从自身做起:首先,中国企业应先审视自身不足,努力提高透明度,适时引进国际上信誉良好的独立第三方机构为自己提供有公信力的信誉保证;其次,中国企业,尤其是那些已被记录在案、涉及敏感行业的国有企业,切忌再抱侥幸心理,而应尽早与 CFIUS 成员沟通;最后,中国企业应当聘请经验丰富的咨询服务机构制定有效战略对策,借助他们的人脉关系和专业经验与 CFIUS 事先达成认识上的一致,从而避免在审查过程中处于被动地位,特别是要避免交易完成之前对 CFIUS 秘而不宣,被 CFIUS 事后审查退出和取消交易的尴尬局面。

(载于财新《新世纪》周刊 2013 年第 18 期,
2013 年 5 月 13 日版)

11

应对光伏双反二三计

当地时间6月4日,欧盟对中国光伏产品的双反初裁落定,在8月6日之前征收11.8%的临时反倾销税,此间若未能达成解决方案,届时税率将升至37.2%~67.9%(平均47.6%)。而美国已于去年作出双反终裁,对华企业征收18.32%~249.96%的反倾销税及14.78%~15.97%的反补贴税。甚至连印度也跟着凑热闹,对中国光伏产品发起双反调查。

纵观欧美对华双反之战的过程,其制裁屡屡成功的原因主要有以下几点:

首先,双反是全球经济危机大背景和中国光伏市场产能过剩小环境两方面共同作用的结果。欧美等国实际上是以双反之名,保护本国企业,遏制中国光伏产业在欧美市场的快速发展。

其次,中国自身的表现不佳也难辞其咎。在倾销方面,中国企业之间在出口方面竞相降价,是自改革开放以来普遍采取的占领市场的策略。从反补贴的源头上看,在过去几年,中国各大媒体、网站到处充斥着各种“国家大力支持光伏产业”的新闻,难免授人口实。而且,欧美到目前为止一直视中国为“非市场经济国家”,采用替代国市场价格而非中国产品的实际成本和价格,认定倾销、补贴幅度,这对于劳动力和其他原材料成本相对较低的中国企业而言,人为提高了中国产品存在的倾销风险。

此外,从应对策略上看,中国缺乏利用世贸组织游戏规则以及贸易协定制裁对方的经验,遇到问题采取简单的民粹主义,或者呼吁政治磋商并寄厚望于个别政府首脑力挽狂澜。但在欧盟整体利益面前,欧盟委员会以其欧盟贸易规则为挡箭牌同各成员国博弈,委员会的专家团队更以经济学的精细计算对中国不依不饶。因此,政治磋商往往起不到实质性的作用。

商务部无奈之下就祭出反制措施,比如,2012 年 11

月 1 日，商务部决定对欧盟太阳能级多晶硅进行反倾销和反补贴立案调查。6 月 5 日，商务部宣布对欧盟为原产地的葡萄酒展开反倾销调查。但是，这种“一报还一报”式的贸易反制，效果与前景都不容乐观。

中国企业需要做的是积极应诉，争取较低税率。在双反调查立案之前，企业就应做好充分准备，特别是对第三国的生产成本能够有充分的了解。一旦立案，更应主动配合调查，如主动申请参与抽样调查，申请获得单个企业的市场经济地位等。例如，欧盟在其 6 月 4 日发布的初裁决定中，明确提出“对于在调查过程中给予配合的企业将征收低税率，对未予配合的企业将征收高税率”。中国出口企业还是应争取欧盟相关进出口商、用户和消费者协会的支持，通过这些机构游说当地政府，要比动用中国官方机构政治磋商更有用。

中国企业以及政府都可针对双反裁决采取法律救济措施。例如，在欧盟框架下，中国企业可以直接向欧盟初审法院提起诉讼，申请对反倾销和反补贴措施的合法性进行司法审查。此外，如果欧盟据以作出双反裁决的条例有违 WTO 规则，或者欧盟在适用、解释其反倾销、反补贴规则的过程中违反了 WTO 规则，那么中国政府也可将争议诉诸 WTO 争端解决机制。

对企业来说,拓展国内市场,开发国际新市场,转变出口模式也是当务之急。同时,对于欧美国家,中国企业可转而使用绿地投资和并购等方式发展光伏产业,增加在其他发展中国家的投资,从而避免针对中国作为原产地的双反制裁。

最重要的是,中国政府应当严格遵守WTO《补贴与反补贴措施协议》以及中国入世承诺,消除违规的补贴项目;按照中国法律和WTO规则及时采取反制措施,为中国企业开拓国外市场真正地“保驾护航”;努力为使WTO承认中国完全市场经济地位做好各项准备;为光伏企业开拓国内市场建立基础设施支撑,破除目前国内“并网难”这一主要阻碍。

(载于财新网博客2013年6月13日)

12

试点应当法制化

改革应在法律框架内进行。要解决政策试点的合法性问题，首先要从源头上减少“良性违法”。

2013 年 7 月 3 日，《中国(上海)自由贸易试验区总体方案》获国务院常务会议原则通过。最终付诸实施，还有待全国人大常委会批准通过。政策“试点”是中国在公共政策领域普遍采用的一种“试错”机制。自邓小平提出“摸着石头过河”后，中国诸多改革都从试点开始。这种方式，在中国体制转型、缺乏实践经验时期确实有一定意义。然而，改革开放 30 年以来，中国法制体系已经初步建立，试点的合法性问题也逐渐浮上台面。

在中国,政策试点通常有两种模式:一是国家某种宽泛的政策意向由地方政府开展试验;二是地方为创新或解决现实问题,单独进行某种政策试验。无论哪种模式,如果地方试点方案能获得中央认可与支持,就极可能被提升为国家政策,并上升为国家试点。可见,突破与创新是试点最鲜明的特点。鉴于该特点,试点的项目可能尚未被纳入现行法律体系之中,甚至可能与现行法律规定相冲突。如此,试点方案的合法性常受质疑,因其可能违背行政法项下的“法律保留原则”和“法律优先原则”。

比如,小额信贷公司试点,以及中方自然人与外商合资设立中外合资企业试点就可能存在以上问题。

2008年,央行和银监会出台了《关于小额贷款公司试点指导意见》。其中第2条第4款规定:“申请设立小额贷款公司,应向省级政府主管部门提出正式申请,经批准后,到当地工商行政管理部门申请办理注册登记手续并领取营业执照”。该条款实质上是设置了一项行政许可。然而,中国《行政许可法》适用“法律保留原则”,规定只有全国人大及其常委会与国务院,有权设定企业或其他组织的设立登记及其前置性行政许可。因此,央行和银监会为小额贷款公司设置批准设立许可项目，似乎缺乏法律依据，可能有悖“法律保留原则”。

2010年，上海、北京等地方政府相继推出试点方案，允许境内自然人直接以股东身份投资设立中外合资企业。但中国2001年修订的《中外合资经营企业法》第1条中规定：“允许外国公司、企业和其他经济组织或个人按照平等互利原则，经中国政府批准，在中华人民共和国境内，同中国的公司、企业或其他经济组织（下称中国合营者）共同举办合营企业。”从该条款字面上看，可与外方成立合资企业的中方并不包括自然人。根据前述规定，地方政府的上述行政行为明显与法律不符，违背“法律优先原则”。对此，有地方政府辩称“《中外合资经营企业法》没有规定中国公民自然人不能与外商合资举办中外合资企业”，这实质上已构成地方政府对《中外合资经营企业法》的解释。但其实地方政府并没有解释该法的权力，根据中国有关法律规定，仅有全国人大常委会、最高人民法院、最高人民检察院和国务院及主管部门有权解释法律。因此，上述地方政府的解释行为超出权限范围。

对政策试点在创新突破与合法性之间可能面临的选择困境，有人主张可以适当扩大地方立法权限，并效仿经济特区的做法，赋予地方对上位法进行变通的权力。但经济特区当时作为中国改革开放的先行地,必然需要率先制定新的法律规范,或突破某些不适应特区发展的法律规范,因此授予其特别立法权,实属权宜之计。而且,该权宜之计在中国于 2001 年入世后,似乎不宜继续采用,因其可能违背 WTO 关于法制统一的原则,中国在《入世工作组报告》中已经承诺“没有计划建立新的经济特区”。由此可见,授予地方立法变通权,不仅有可能造成全国立法混乱,亦会进一步违背 WTO 的规定。

要解决政策试点的合法性问题,首先应从源头上尽量减少“良性违法”的试点项目。对于确实过时或不再符合中国经济形势和发展现状的法律规定,应提请或建议上级行政或权力机关予以修改或解释,而非以试点之名,以身试法。其次,中国应针对现有的试点问题制定相关法律规定,将“试点”这一具有中国特色的试错方式纳入法律体系,从根本上规范试点行为。例如,可规定凡是与上位法相冲突的政策试点,都应当先经国家权力机关和最高行政机关授权之后方可实施,以避免“良性违法”的尴尬。另外,中央在将地方试点提升为国家试点时,亦应公开透明,有法可依,防止中央和地方之间讨价还价,甚至滋生寻租的可能。

改革开放至今,从曾经的“闯红灯”“摸着石头过河”“坚持一切服从需要，不搞争论，先干起来再说”，到现在开始意识到改革应在法律框架内进行，这无疑是中国法治化建设过程中的一大进步。但改革路漫漫，若想利用试点成就改革，尚需将试点机制法制化，使得改革不仅有法可依，而且所依之法无论是在程序上还是实体上，都不违法、不越权。

（载于财新网博客 2013 年 7 月 23 日）

13

中国需要新型双边投资协定

双边投资协定,顾名思义,是指在顺应和推动全球经济一体化的大环境里,国与国之间达成的鼓励与保护双边投资的协定。订立双边投资协定对于资本输出国而言,可以为其海外投资提供法律保障;对于资本输入国而言,则可以增加投资者的信心。

自1982年中国与瑞典签订第一个中外《双边投资协定》以来,截至2011年8月,中国已与130个国家签署了双边投资保护协定。随着中国日渐从资本输入国向资本输出国的角色转变,中国从自身利益考虑,在保护东道国权益的同时亦增加对“投资”的保护。回顾三十年历程,中国对外签署的《双边投资协定》大致经历了三代模式的转变,即第一代的“保守主义”模式,第二代的“穷尽国内救济”模式以及第三代的“直接仲裁”模式。今年7月,中美在第五轮战略与经济对话期间达成一致,以准入前国民待遇和负面清单为基础,开展中美双边投资协定实质性谈判。一旦中美双边投资协定达成,则中国双边投资协定将进入第四代,即“自由化”模式。

第一代《双边投资协定》是指1982年~1996年中国对外签订的《双边投资协定》。这一阶段中国主要以资本输入国的立场与发达国家商签双边投资协定,着重在保护中国作为东道国的权益,而非对外国投资者的保护。因此,第一代《双边投资协定》的特点是:仅承诺给予公正公平待遇和最惠国待遇,根据缔约国法律和规章实行特定资产的转移,投资者只能将与征收补偿款额有关的争议提交专设国际仲裁庭解决等。

第二代《双边投资协定》,指1997年~2002年中国对外签订的《双边投资协定》,主要有以下两处变动:一是给予缔约国国民待遇,例如中国与荷兰2001年修改了1985年签署的《双边投资协定》,增加了国民待遇的内容,“缔约一方给予缔约另一方投资者的投资和与该投资有关的活动的待遇不应低于其给予本国或任何第三国投资者的投资及与投资有关的活动的待遇”；二是在“用尽国内行政复议程序”的前提下，允许投资者将所有与东道国之间的投资纠纷提交国际仲裁解决。

第三代《双边投资协定》，是指2003年至今中国对外签订的《双边投资协定》。中国为保护其海外投资者的利益，逐步接受趋向高标准的国际投资保护措施、最低待遇标准，放宽对资金转移的限制，禁止业绩要求，并且全面接受国际仲裁等内容，有些条款甚至借鉴了当时美国《双边投资协定》范本的规定。例如，在投资争端方面，中国和德国2003年签署的《促进和保护投资的协定》中放弃了当地救济原则，允许投资者无条件地将所有投资争端提交国际投资仲裁。在征收方面，中国与印度2006年签署的协定，借鉴美国《双边投资协定》2004范本中的间接征收条款，首次明确了间接征收的内容。

当前中美之间新一轮的谈判，极有可能产生中国第四代《双边投资协定》。自1980年中美就双边投资协定开始谈判，经过双方三十年九轮谈判，也仅仅完成了技术层面上对基础性条款的内容核对与澄清。

之所以一直悬而未决，主要在于美国“高度自由化”的《双边投资协定》范本对“投资”作出了极宽泛的定义，并涵括了准入前国民待遇标准、负面清单、资金自由转移等方面。如果中国接受上述规定,那根据中国与其他国家的《双边投资协定》中的最惠国待遇条款,便无异于对外资全然开放中国市场。而事实上,中国一直实行准入后的国民待遇,外资政策属于“鼓励与限制并存”,外资进入中国前仍需满足《外商投资产业指导目录》(2011 年修订)等规定。对于资金自由转移,美国 2004 年和 2012 年《双边投资协定》范本要求“缔约一方必须允许外国投资者投入的资本以及收益、费用、支付等所有与所涉投资相关的资本自由与无迟延地进出其领土,并且这些资本还必须能按照转移时的市场兑换率转换为可自由使用的货币”。中国虽不反对资金“自由转移”的原则,但作为实行外汇管制的国家,中国对境外机构及个人在中国境内进行直接投资时所涉及的外汇交易要进行监督、管理、审批以及必要时候的控制。

一旦中国同意接受美国的《双边投资协定》,根据最惠国待遇的“多边自动传导效应”,中国将进入“对外资开放自由化的单行道”,对外资的限制也只能放松,不能收紧。这必然促进甚至“倒逼”中国全面而广泛地改革现有外资管理体制以及金融体制等。否则,国内相应改革的滞后与缺失,必将导致中国违反条约义务,外国投资者可以诉诸国际投资仲裁。这一对外开放倒逼国内改革的局面形成,无疑会助改革一力,保持中国外商投资的良好法律环境。

(载于财新网博客 2013 年 8 月 23 日)

14

行政放权倒逼商誉养成

大概是以前钻研过比较宪法和比较行政法的缘故，尽管作为一介诉师，仍然对国家、政府和公权力的话题颇感兴趣。凡遇与此相关之事，总忍不住想评论一二，并注意公权力和商业生活的关系。

去年2月我在财新博客上的一篇文章中提到，“在权力和宪法的博弈中，不是权力进了笼子，就是宪法进了笼子。当然，如果最终不是权力进了笼子，而是宪法进了笼子，那就不应该了”。新一届政府去年3月组建以来，一直强调简政放权，“努力做到让市场主体‘法无禁止即可为’，让政府部门‘法无授权不可为’”。

本届政府也一直在朝着这个目标努力。李克强总理在就职之初就宣布,在其任期内,把现有 1700 多项审批事项削减三分之一以上。要削减三分之一的审批事项,即需削减 600 项左右,在过去不到一年的时间,政府已三度取消和下放行政审批项目,共计已有 265 项,可见本届政府改革的决心和力度。当然,下放算取消吗?

在中国,行政权力几度瘦身,“赘肉”削减最多的当属经济领域的行政干预。政府致力于砍除直接干预市场主体微观事务的“镣铐”,放权于市场,还权于企业和民众。当然,政府在给企业松绑的同时,也撤去了对企业和公众通过合法性和合规性审查而形成的保护,此后企业在交易过程中只能完全依赖自身的经验和商业判断,自主决策,自担风险。最典型的例子便是应国务院的提议而重新修订的《公司法》,其中取消了有限责任公司、一人有限责任公司、股份有限公司最低注册资本分别应达 3 万元、10 万元、500 万元的限制。没有了最低注册资本的防线,交易相对方的商业信誉对于确保交易安全和债权人权益就变得尤为重要。

中国企业过去未对商誉有足够的关注,此问题在企业“走出去”的过程中尤为突出。从中海外放弃高速公路建设项目而引发波兰人质疑,产生是否还应与中国人做生意的思考,到美国投资者对“中概股”弄虚作假的愤怒,这一切似乎与中国作为礼仪之邦所倡导的诚实守信相背离。据报道,过去十多年里,美国证监会共查处 272 起海外企业财务欺诈案,其中来自中国企业的欺诈案高达 71 起,排名全球第一,实在令国人和海外华人汗颜。

诚信是商业社会之本。因此,对于违反诚实守信原则的行为,西方国家的法律体系一般会给予较严重的惩罚,尤其在普通法下,惩罚性赔偿金和集团诉讼是被允许的。之前看过一则新闻,中国某软件公司在美国因涉嫌引诱性欺诈,被法院判处了 6000 多万美元的赔偿金,其中惩罚性赔偿金就占了 75%。这样的代价对中国企业来说可谓惨痛。不过,奇怪的是,新闻评论甚至企业自己,都大呼“冤枉”,声称对方的行为是恶意诉讼,对企业自身商业信誉是否存在问题只字未提。

外国企业大多维权意识浓厚,但在国人看来反倒成了恶意诉讼。窃以为中国企业爱夸大不实以及财务造假,一点儿也不感到脸红的“痼疾”也确实该整治了,行政以及司法机关都应该让没有商业诚信的企业承担巨大的经济代价,甚至可以考虑追究个人的刑事责任。

或许,新政府全面深化的简政放权将是促进社会重视商业信誉理念,进而倒逼企业树立商誉的一个契机。

说到这个契机,我就不得不谈谈对它的几点期待:

首先,企业自我保护意识要提高。缺少了政府这个依靠,企业增强自我保护意识不可或缺。例如,企业在进入交易之前,应当对交易对手的信誉进行充分或者必要的调查,还可以在交易文件中设计完善的责任、救济条款,如增加违约成本等。

其次,政府要加强事后监管。中国政府的监管模式一直是“严进宽出”,在企业进入市场前设置诸多门槛,但进入后,政府部门又大多监管不力,对企业的经济行为疏于检查,导致违法行为被发现的可能性极低,或发现后选择性执法,助长了“背信弃义”之风的蔓延。因此,转变监管模式、引进“宽进严出”理念很必要。毕竟,加强事后监管能有效防范并杜绝企业追求自身利益最大化时侵犯他人的合法权益。

最后,对于不法行为的惩罚力度要加大。正如李克强总理去年所说,“要让不法分子付出付不起的代价”。只有这样,方能有效倒逼企业遵守诚信原则,加强自身商誉建设。违法成本太低,根本不会对没有商业信誉的经营者起到震慑作用,更别谈对受害者的保护。大家一定还记得,当年华为、中兴放弃中国,转而在德国、法国和匈牙利提起知识产权诉讼,很有可能就是出于国内对此惩罚不力的考虑。

(载于财新网博客 2014 年 5 月 27 日)

15

国内纠纷国际化的启示

被韩国法院扣押的“海娜号”邮轮，导致2300多人滞留，一件商事纠纷迅速升级成国际事件。海航集团与沙钢船务互相指责，令广大看客一头雾水。虽然以往船舶扣押事件时有发生，但扣押对象多为货船，并不涉及游客利益。该事件涉及的法律问题众多，本文仅就韩国法院扣押“海娜号”是否合法说说自己的看法。

海航方面认为，韩国法院扣押“海娜号”行为失当，原因在于韩国法院根本无权插手此案：争议双方已约定本案由英国法院管辖，且韩国未加入相关国际公约，因此韩国济州法院对此案没有管辖权。不过，海航集团的这些理由似乎难以站住脚。

首先,韩国法院对“海娜号”的扣押实质上是一种财产保全措施,是为了避免将来法院的生效法律文书无法或者难以执行,由法院采取的临时性保护。实施扣押无须以法院的生效判决为前提,且与当事人约定的实体管辖并不冲突,相反是对实体程序的一种促进和辅助。其次,虽然韩国不是 1952 年和 1999 年扣船公约的缔约国,但其国内立法允许法院对位于韩国境内的任何船舶(包括外国船舶)进行扣押,以便协助外国诉讼程序的进行。

尽管如此,韩国法院的扣押行为也并非没有瑕疵。第一,根据韩国法律规定,债权人申请扣押债务人的船舶时,应证明债务人是这些船舶的注册船东。而本案中,海航集团并非“海娜号”的注册船东。这种情况下,沙钢船务若要扣押“海娜号”,则须“刺破公司面纱”以证明海航集团是“海娜号”的实际所有人。然而,在韩国的司法实践中,“刺破公司面纱”相当困难,令人不禁怀疑韩国法院在审查沙钢船务的扣押申请时是否对这一问题给予了充分的考虑。

第二,韩国法院在扣押“海娜号”时,对载满游客的邮轮的特殊性,似乎考虑不足。虽然沙钢船务多次表明

“只扣船不扣人,旅客是自由的”,但旅客所持的都是团队签证,在船舶被扣的情况下,游客落地登岛以及之后的旅游都困难颇多。这实际上已构成对游客人身自由的限制,游客沦为“人质”。

不过,这样的尴尬局面很大程度是立法缺失造成的。现行国际公约或韩国国内法,都没有对客运船舶扣押作特别规定,因此法院在实践中难免会将货船扣押的模式照搬到客轮上。有鉴于此,未来国际公约以及各国国内法是否应当考虑赋予邮轮一定的扣押豁免权,或者,可考虑增加妥善安置游客的立法规定,要求扣押申请人在申请之时一并提交合理的安置方案等。

另外,对于沙钢船务选择在韩国而非中国采取船舶扣押措施,众人表示不解。表面上看来,沙钢船务向韩国申请扣押“海娜号”似乎是偶然为之,但其实不然。沙钢船务作此选择原因应该有二:一是韩国关于扣船的条件与中国相比更为宽松。在中国,一方当事人只能基于船舶买卖纠纷、海难救助、共同海损等特定海事请求申请船舶扣押,本案中海航与沙钢之间的担保纠纷能否被归于此列尚难断言。但在韩国,申请人却不必受海事请求性质的局限,对任何性质的诉求均可申请船舶扣押。二是英国与韩国之间可以互相承认和执行对方法院作出的判决,而英国与中国并未签订任何司法互助协定,且不存在双边互惠。因此,即使中国法院对海航集团的财产予以保全,也很有可能因为英国法院的判决在中国得不到承认和执行,进而造成保全目的落空。

（载于财新网博客 2013 年 9 月 19 日）

附:陶景洲,一个时代的缩影

周大伟

陶景洲先生毕业于北京大学法律系,是 1977 年恢复高考后的首批大学生,法国律师界第一位中国人,国际商会仲裁院第一位中国国家委员会代表和第一家境外驻华律师事务所的华人首席代表。《毕竟法律人》一书,是陶景洲先生的第一部中文随笔集。

在很多人的印象中,一提到陶景洲这个人,大家首先想到的是:他不仅仅是一个业务熟练、经验丰富的跨国律师和仲裁员,而且还是一个既高大上又白富美的海归人士——从头到脚都散发着异国情调,光彩照人且与众不同。实际上,包括我在内的很多熟悉陶景洲的人都发现,在日常生活当中接触到的陶景洲先生,其实是个和蔼可亲、平易近人、单纯、质朴、淡定甚至还有些幽默童趣的人。如果这个世界上的确有“文如其人”这样一个说法,如果你确实想知道陶景洲先生是个什么样的人,我真诚地推荐大家去读陶景洲先生的这本书。这本书里,并没有华丽的文采,没有刻意雕饰的词语,没有冗长的欧化句式,这是一本格调清新、雅俗共赏的精品书:设计精致、优雅,内容质朴,一句话——符合陶景洲律师的生活气质和格调。

一、被时代改写的人生

我注意到,这本书的封面上写着这么一句话:(陶景洲)是一个时代的缩影,更是“改革开放本身”。景洲先生在这本书的第5页写道:

> 记得孩提时每逢过年,为了整洁好看,家里就会用糨糊在土墙上新糊一些报纸作为装饰,有时候也会奢侈地贴几张彩色的年画和有当时时代特征的宣传画。我印象最深的是一幅水彩画,画中是一个穿着白衬衣、蓝裤子、白球鞋的少年在北京天

安门前敬队礼。北京对当时的我而言太遥远了,最直观的感觉是那个少年把雪白的衬衣扎在蓝裤子里面的样子真好看。那时候我最大的理想是有一天我也能穿上这么清清爽爽的新衣裳,在蓝天之下佩戴着红领巾,脚下的白球鞋一尘不染地走在灰砖铺成的马路上。我做梦都没想到,有一天我会从这座县城走出去,去遥远的首都,漂洋过海,去周游列国。

完全是人生的各种偶然使我从皖北的一个下乡知青变成一个北大的学子。

白衬衣、蓝裤子、白球鞋,是那个时代每一个少年心中的经典图像。陶景洲的回忆,也勾起了我自己的童年记忆。我自己的童年,是在江南的无锡城里和祖母一起度过的。祖母在老家去世后,父母就决定让我回到北京继续上小学。江南的儿童比北方的儿童上学时间早,当时我 6 岁半,就是我微信头像照片上的那个样子。记得离开无锡的时候,姑姑和姑父让我带了两件东西去北京:一口袋大米,是送给我爸爸妈妈的;一个无锡泥人,是给我买的玩具——一个英俊少年,穿着白衬衣、蓝裤子、红领巾和白球鞋,昂首在吹奏一把金色的小号。

泥人玩具的体积相当于一个普通矿泉水瓶子那么大,用今天的话说它属于易碎物品。姑父是个细心人,直接把它包好后埋在了那口袋大米里面。姑姑和姑父把我托付给一位熟悉的列车(从上海开往北京)乘务员。记得是在中途上车,没有座位。一上车,这个乘务员就找了个座位下面的空档,让我钻进去睡觉。于是,我是抱着这袋大米睡到了目的地。记得一进家门,我脑子里想的第一件事,就是把手伸进大米口袋里看看这个玩具到底还在不在,全家人都觉得好奇怪,当他们看到我从大米口袋里掏出一个泥人玩具——穿着白衬衣蓝裤子的小号手,大家都笑了。

“文革”期间,少先队、红领巾一度都被取消,代之以红小兵和红袖标。我幼年心目中那个最喜欢的无锡泥人玩具,也在那个混乱的岁月里丢失了。这些年里,偶尔去无锡旅行,每当经过一家卖无锡泥人的店铺,我都会下意识地进去看一眼——看看还能不能买到当年那个“小号手”。结果很让我失望,里面全都摆满了大大小小、各式各样、男男女女的胖阿福们。在我们的少年时代,做梦也没有想到过,这个世界会变化这么快。我们这代人深感庆幸的是,我们这一生的大部分时间,都能生活在那个划时代的“十一届三中全会”以后。

恢复高考后,陶景洲考取了北大法律系;国门开放,让陶景洲走向远方、走向世界;这一切都让陶景洲的人生一次一次地被重新改写。我们这代人对改革开放记忆深刻、万分感激。所以,从这个意义上,我们就不难理解封面上这句话的真实含义和分量:陶景洲的个人经历,代表着一个改革开放时代的缩影。

二、法律人的良知和底线

其实,陶景洲律师并不想让大家的目光总是停留在他光鲜的外表上,或者停留在他本人“从未名湖到凯旋门”的传奇往事中。记得有一次大家聚会时,他很认真地对大家说:“我外表的这些东西其实并不重要,你们大家可能都忘了,我毕竟还是个不错的律师和仲裁员吧!”换句话说,“我毕竟还是个不错的法律人吧!”我想,这句话或许就是《毕竟法律人》这本书名的由来吧!书名中的“毕竟”两个字(英文可译为“after all”),可谓画龙点睛之笔。唐朝诗人许浑有个名句:”毕竟功成何处是,五湖云月一帆开。”在法律职场的巨大成功,给陶景洲先生带来了名声、荣誉和地位。但是,陶先生则一直保持着谦和、审慎、自律的处事风格。不仅仅外表要帅,为人做事也要帅,名利并不是坏东西,但要取之有道。原因很简单:I am a lawyer after all.

话说到这里,我倒是觉得有必要和大家分享一件有趣的往事。几年前,有个上市公司的企业家突然打电话给我说:“周老师,不好意思啊!很想念你啊!能不能请你来××市住几天,我来给你预定头等舱的飞机票。我要好好招待你!”我问老板有什么具体事情,他回答说:“见面聊。”这是一个多年都没有来往的商人,突然心血来潮要“好好招待我”,我当时脑海里还是不由自主地联想到“非奸即盗”这四个字。

到了××市,当天晚上老板设宴款待。酒过三巡,老板开始引入正题:“你认识陶景洲吧?”我反问道:“你怎么知道?”老板说:“我最近看到你们两人在一起的合影照片。实不相瞒,我有个标的很大的仲裁案子在他手里。陶先生是这个案子的首席仲裁员。这个案件的胜负,对我们公司今后的发展影响很大。这次请周先生专门来我们公司,就是想拜托周先生去说服陶先生,让陶先生在仲裁中站在我们公司这边,一定要判我们公司赢。事成之后,我一定不会亏待你们。我和几个朋友在北京西山开发了一些房产,到时候我可以送给陶先生一套,也送给你一套。”(我当时心里在暗思量:老板送给陶先生的一定是个大户型,送给我的一定是个小户型。)

我知道老板的真实意图后,深感为难。我对这个老板说:“据我这么多年对陶律师的了解,他并不是一个贪得无厌的人,更何况他从法国到中国,一直在从事高端律师服务,财务上早已获得自由。更重要的是,他在海内外经济仲裁行业内一直口碑很好,为人正派,做事专业。据我所知,很多非常有权势的人曾试图贿赂他,都被他一一拒绝了。他百分之百不会为您的这件事断送他仲裁事业的声誉和前程。所以,我真的很抱歉,您交给我的这件事情,真的是个不能完成的任务。”老板当时也觉得有些沮丧。

这几年,我和陶律师往来频繁,但是直到今天我也没有告诉过陶律师——这家企业的名字和这个老板是谁,我不希望用某种明示或暗示来干扰陶先生从事的仲裁工作。还有,我觉得,如果是自己尊敬和欣赏的好朋友,就千万不要去害人家。我确信,我们都不可能按照老板的意图去做不公正的事情。尽管我们也食人间烟火,贪心人皆有之,不过,在一个时代里,我们每个人能尽量做到的,就是守住内心的某种底线和良知。

三、法治启蒙仍在路上

翻开陶景洲律师的这本书,我们会惊讶地发现,书中并没有谈什么宏大叙事的法学理论,讲述的都是一些普通的个案和常识。我们说,中国的法治建设是一个极其宏大的事业,在这个事业之中,我们都深感卑微,可能连一个螺丝钉或一方砖瓦都算不上。但是,假如能在这个宏大的事业里做一个有耐力的思想者,为这个事业的年轮增加点纪录,也是非常值得的。在这个不少人已经打算将“后现代”奉为时尚的年月里,陶景洲先生在这本书里,还在不厌其烦地叙述着那些朴素的常识。这是因为,我们总是有点固执地相信:有关普及常识以及法治启蒙的工作,在中国这块土地上其实还远远没有完成。

曾经,法律专业在中国是不够被重视的。在中国通向一个现代法治国家的路途,依旧任重道远。无论是那些悲观的猜想还是乐观的期待,都无法改变这样一个漫长的过程。为此,中国法律界的人士应当持有更多的耐心。1983 年的春天,在一列西去的火车上。我和北京电影制片厂的一个电影摄制组的主创人员偶然相遇。他们是前往重庆拍摄一部名为《二十六个姑娘》电影的主创人员。其中有电影导演黄健中和副导演陈凯歌。我们面对面坐在同一个卧铺车厢里,行程几千华里,历时48个小时。黄健中当时已经在电影界崭露头角,是第四代电影导演中的佼佼者。陈凯歌当时还是一个默默无闻的年轻导演。不过,我从他紧锁的眉宇之间,已经不难看出他不甘平庸的勃勃野心。在聊天中,陈凯歌对我讲的一句话,倒让我终生难忘。他对我说:“你是读法律的。你不觉得,学法律是件很悲惨的事吗?”看得出,陈凯歌在说这句话的时候,表达着对我的“专业之不幸”的深切同情。其中的潜台词似乎是说,好好的一个小伙子,看上去既不呆也不傻,学什么不行,为什么要去学法律呢?这么多年来,陈凯歌的这句问话隐隐约约成了我心里的一个结、一个痛点。途中,这些电影人也和我谈起一些发生在他们身边的法律问题。尽管其中涉及的法律问题并不复杂,但在他们充满情绪化的议论中,我发现,这些电影人大致都属于“法盲”。火车抵达目的地,黄健中导演告诉我,重庆电视台有面包车来接他们,他们的车可以顺便捎我一段路,请我不必客气。下汽车时,我真诚地祝愿他们早日把电影拍摄成功,届时我一定会去电影院买票看他们的作品。遗憾的是,他们的电影拍出来后一直没有公开上映。据说是没有通过审查——被“枪毙”了，具体原因至今还是个谜。我当时心里也在嘀咕，看来搞电影这行，其实也挺悲惨的。

我们这一代法律人，在很多年前，或许阴差阳错地进入了法律职业的殿堂。尽管一直心怀困惑，但仍感到生逢其时。当年填写大学入学志愿的那一个不经意的触点，如同潘多拉的魔盒一般戏剧性地打开，纷纷扰扰又灿烂缤纷。今天，法治文化已经成为我们不离不弃的宿命。无论人海沉浮、世事纷纭，我们都希望依法治国的大道不变。

2022 年 8 月于北京